İNANILMAZ BÖREK YEMEK KİTABI

Meyveler, Kuruyemişler, Kremalar, Muhallebiler, Dondurma ve Daha Fazlasıyla Mükemmel Kabuk ve 100 Harika Dolguda Ustalaşın; Sıfırdan Muhteşem Turtalar Yapmak için Uzman Teknikler

Mehmet Polat

Telif Hakkı Malzemesi ©2024

Her hakkı saklıdır

Bu kitabın hiçbir bölümü, incelemede kullanılan kısa alıntılar dışında, yayıncının ve telif hakkı sahibinin uygun yazılı izni olmadan, hiçbir şekilde veya yöntemle kullanılamaz veya aktarılamaz. Bu kitap tıbbi, hukuki veya diğer profesyonel tavsiyelerin yerine geçmemelidir.

İÇİNDEKİLER _

- İÇİNDEKİLER _ 3
- GİRİİŞ 6
- TEMEL TARİFLER 7
  1. Pasta kırıntısı 8
  2. Pasta kırıntısı buzlanma 10
  3. Çikolata kabuğu 12
  4. Az Yağlı Turta Kabuğu 14
  5. Graham kabuğu 16
  6. Anne hamuru 18
- KREMLİ BÖREK 20
  7. Mini Çilekli ve Kremalı Pastalar 21
  8. çikolata kremalı turta 23
  9. Muz Kremalı Pasta 27
  10. Tahıl sütlü dondurmalı pasta 31
  11. PB ve J pastası 33
  12. Muz Kremalı Pasta 35
  13. Brownie turtası 38
  14. Çekirge turtası 41
  15. Sarışın pasta 43
  16. Şekerli pasta 46
  17. Limonlu kremalı-fıstıklı turta 49
  18. Çatlak pasta 52
  19. Tatlı mısır gevreği sütlü dondurmalı pasta 56
  20. Kremalı Ricotta Turtası 58
  21. Kaju-Muzlu Kremalı Pasta 60
  22. Fıstık Ezmesi-Dondurmalı Pasta 62
  23. B oston kremalı pasta 64
- EL BÖREKLERİ 66
  24. S'mores el turtaları 67
  25. Yabanmersinli El Turtaları 69
  26. Çilekli el pastası 71
  27. Elmalı kek 73
- MEYVELİ BÖREK 76
  28. Anahtar kireç pasta 77
  29. Tavada Elmalı Turta 80
  30. Yabanmersinli Ravent Turtası 82
  31. Elmalı turta 84
  32. Glutensiz Kolay Hindistan Cevizli Turta 87
  33. Greyfurt turtası 89

34.	Kızılcık turtası	91
35.	Şeftali Kırıntı Turtası	93
36.	Çilekli Bulut Turtası	95
37.	Pişirmesiz Taze Meyveli Turta	98
38.	Muzlu Mangolu Turta	100
39.	Çilekli Kremalı Pasta	102
40.	Elmalı kremalı pasta	104
41.	Cheddar parçalanmış elmalı turta	106

SEBZELİ BÖREKLER ... 108

42.	Acıbadem Kurabiyesi Tepeli Ravent	109
43.	Madenci Turtası	111
44.	Ravent Pastası	113
45.	Tatlı patates turtası	116
46.	Balkabağı pastası	118
47.	Güney Tatlı Patates Turtası	120
48.	İtalyan enginarlı turta	122
49.	Rustik Kır Evi Pastası	124
50.	Tavuk, Pırasa ve Mantarlı Turta	126
51.	Biraz Romlu Balkabağı Turtası	129
52.	Yeşil domatesli kek	132
53.	Kuşkonmaz turtası	134

Fındıklı Turtalar ... 136

54.	Cevizli Turta	137
55.	Beyaz Çikolatalı Fındıklı Pasta	140
56.	Glutensiz Kolay Hindistan Cevizli Turta	142
57.	B cevizli yulaf ezmeli turta eksikliği	144
58.	Meşe palamudu turtası	146
59.	Bademli acıbadem kurabiyesi kirazlı turta	148
60.	Amaretto çikolatalı pasta	150
61.	S nickers bar pastası	152
62.	Kirazlı fındıklı çıtır pasta	154

OTLU VE ÇİÇEKLİ BÖREKLER ... 156

63.	Çikolatalı Nane Espresso Pastası	157
64.	Biberiye, Sosis ve Peynirli Turtalar	159
65.	Limonlu pansy pastası	161

ETLİ VE TAVUKLU BÖREK ... 164

66.	Yumurtalı kahvaltı börekleri	165
67.	Peynirli ve Sosisli Turtalar	167
68.	Biberiye, Tavuk Sosisli Turtalar	169
69.	Tavuklu Turta	171
70.	Geyik turtası	173

TAHIL VE MAKARNA BÖREKLERİ 175
71. Pek Bayat Olmayan Tamale Pastası............................176
72. S pagetti köfteli turta 178
73. Susamlı Ispanaklı Erişte Turtası...........................180
74. İtalyan spagetti pastası...................................182
75. Mısır turtası..184

BAHARATLI BÖRTLER 186
76. Eski Moda Karamelli Pasta 187
77. Tarçınlı-Şekerli Elmalı Turta 189
78. Kirli Tavada Tuzlu Karamelli Elmalı Turta 192
79. Eggnog parfe turtaları 195
80. Kabak Baharatlı Tiramisu Turtası...........................197
81. Tarçınlı çörek pasta.......................................199
82. Yulaflı tarçınlı dondurma..................................202
83. Amaretto hindistan cevizli turta...........................204
84. Amish kremalı pasta 206

HAVALI TURTA 208
85. Tiramisu Whoopie Pies......................................209
86. Pekmezli boğmaca pastası 212
87. Yulaf ezmeli boğmaca pastası 214

POT-PIES 216
88. Mantarlı ve dana etli börek 217
89. Kaşarlı tavuklu börek......................................220
90. Çiftlik evi domuz eti pastası 222
91. Istakozlu turta..224
92. Biftek tenceresi pastası 227
93. Asya usulü tavuklu börek...................................229

Kıymalı Turtalar 232
94. Baileys kıymalı turtalar...................................233
95. Elmalı kıymalı turta.......................................236
96. Elmalı streusel kıymalı turta 238
97. kızılcık kıymalı börek.....................................240
98. Limonlu kıymalı börek......................................242
99. Meyve bahçesi kıymalı börek................................245
100. Ekşi kremalı kıymalı börek 247

ÇÖZÜM 249

GİRİİŞ

Elmalı turta gibi klasiklerden mocha ipek turtası gibi yeni favorilere kadar, en iyi turta tariflerinden oluşan bu listede herkes için bir şeyler var. Pişirme konusunda pek iyi olmayanlar için pişirmesiz seçenekler bile var. Tabii ki, bu tariflerin birçoğu için, preslenmiş kurabiye kabuğu, tamamen tereyağlı pasta kabuğu veya puf böreği arasından seçim yapabilirsiniz. Ve her şey başarısız olduğunda, mağazadan satın alınan bir kabuk alın. Mağazadan satın alınan bir kısayolda yanlış bir şey yok ve limonlu kremalı turta yaparken size çok zaman kazandıracak! Ancak hangi pasta tarifini seçerseniz seçin, üzeri için dondurma veya çırpılmış krema kaşıklarını kırmayı unutmayın!

TEMEL TARİFLER

1. **Pasta kırıntısı**

YAKLAŞIK 350 G (2¾ BARDAK) ELDE EDİLİR

İÇİNDEKİLER:
1. 240 gr un [1½ su bardağı]
2. 18 gr şeker [2 yemek kaşığı]
3. 3 gr koşer tuzu [¾ çay kaşığı]
4. 115 gr eritilmiş tereyağı [8 yemek kaşığı (1 çubuk)]
5. 20 gr su [1½ yemek kaşığı]

Talimatlar
a) Fırını 350°F'ye ısıtın.
b) Un, şeker ve tuzu, kürek aparatı ile donatılmış bir stand mikserinin kasesinde birleştirin ve iyice karışıncaya kadar düşük hızda kürek çekin.
c) Tereyağını ve suyu ekleyin ve karışım küçük kümeler halinde bir araya gelinceye kadar düşük hızda kürek çekin.
ç) Kümeleri parşömen veya Silpat kaplı bir fırın tepsisine yayın. Ara sıra parçalayarak 25 dakika pişirin. Kırıntılar altın renginde olmalı ve bu noktada dokunulduğunda hala hafif nemli olmalıdır; soğudukça kuruyacak ve sertleşeceklerdir.
d) Kullanmadan önce kırıntıların tamamen soğumasını bekleyin.

2. Pasta kırıntısı buzlanma

YAKLAŞIK 220 G (¾ FİNCAN) VEYA 2 ELMALI TURTA KATLI KEK İÇİN YETERLİDİR

İÇİNDEKİLER:
- ½ porsiyon Pasta Kırıntısı
- 110 gr süt [½ su bardağı]
- 2 gr koşer tuzu [½ çay kaşığı]
- 40 gr tereyağı, oda sıcaklığında [3 yemek kaşığı]
- 40 gr şekerleme şekeri [¼ bardak]

Talimatlar

a) Turta kırıntılarını, sütü ve tuzu bir karıştırıcıda birleştirin, hızı orta-yüksek seviyeye getirin ve pürüzsüz ve homojen hale gelinceye kadar püre haline getirin. 1 ila 3 dakika sürecektir (blenderınızın muhteşemliğine bağlı olarak). Karışım blender bıçağınıza bulaşmıyorsa, blenderi kapatın, küçük bir çay kaşığı alın ve bıçağın altını kazımayı unutmadan kutunun kenarlarını kazıyın ve ardından tekrar deneyin.

b) Tereyağı ve şekerleme şekerini, kürek aparatı ve krema ile donatılmış bir stand mikserinin kasesinde, kabarık ve açık sarı olana kadar 2 ila 3 dakika boyunca orta-yüksek ateşte birleştirin. Kasenin kenarlarını spatulayla kazıyın.

c) Düşük hızda blenderin içindekileri karıştırın. 1 dakika sonra hızı orta-yüksek seviyeye yükseltin ve 2 dakika daha yırtılmasına izin verin. Kasenin kenarlarını kazıyın. Karışım tekdüze, çok soluk, ancak ten rengi değilse, kaseyi bir kez daha kazıyın ve bir dakika daha yüksek hızda kürek çekin.

ç) Kremayı hemen kullanın veya 1 haftaya kadar buzdolabında hava geçirmez bir kapta saklayın.

3. Çikolata kabuğu

1 (10 İNÇ) PATA KABUK YAPAR

İÇİNDEKİLER:
- ¾ porsiyon Çikolata Kırıntısı [260 g (1¾ bardak)]
- 8 gr şeker [2 çay kaşığı]
- 0,5 g koşer tuzu [⅛ çay kaşığı]
- 14 g tereyağı, eritilmiş veya gerektiği gibi [1 yemek kaşığı]

Talimatlar

a) Çikolata kırıntılarını bir mutfak robotunda kumlu olana ve büyük kümeler kalmayana kadar çekin.

b) Kumu bir kaseye aktarın ve ellerinizle şeker ve tuzu atın. Eritilmiş tereyağını ekleyin ve top haline gelecek kadar nemli olana kadar kumun içinde yoğurun. Yeterince nemli değilse 14 gr (1 yemek kaşığı) tereyağını daha eritip yoğurun.

c) Karışımı 10 inçlik pasta kalıbına aktarın. Parmaklarınız ve avuç içlerinizle çikolata kabuğunu kalıba sıkıca bastırın, pasta kalıbının alt ve yanlarının eşit şekilde kaplandığından emin olun. Plastik ambalaja sarılan kabuk, oda sıcaklığında 5 güne kadar veya buzdolabında 2 haftaya kadar saklanabilir.

4. Az Yağlı Turta Kabuğu

İÇİNDEKİLER:
- ⅓ bardak (80 ml) kanola yağı
- 1⅓ su bardağı (160 gr) un
- 2 yemek kaşığı (30 ml) soğuk su

Talimatlar

a) Unun üzerine yağı ekleyip çatalla iyice karıştırın. Üzerine su serpip iyice karıştırın. Ellerinizle hamuru top haline getirin ve düzleştirin. İki parça mumlu kağıt arasında yuvarlayın.

b) Mumlu kağıdın üst parçasını çıkarın, pasta tabağının üzerine ters çevirin ve diğer mumlu kağıt parçasını çıkarın. Yerine bastırın.

c) Pişmiş dolgu gerektirmeyen turtalar için, 200°C'de (400°F veya gaz işareti 6) 12 ila 15 dakika veya hafifçe kızarıncaya kadar pişirin.

5. Graham kabuğu

YAKLAŞIK 340 G (2 FİNCAN)

İÇİNDEKİLER:
- 190 gr graham kraker kırıntısı 1½ bardak]
- 20 gr süt tozu [¼ bardak]
- 25 gr şeker [2 yemek kaşığı]
- 3 gr koşer tuzu [¾ çay kaşığı]
- 55 g tereyağı, eritilmiş veya gerektiği kadar [4 yemek kaşığı (½ çubuk)]
- 55 gr krema [¼ bardak]

Talimatlar

a) Kuru malzemelerinizi eşit şekilde dağıtmak için graham kırıntılarını, süt tozunu, şekeri ve tuzu orta boy bir kasede ellerinizle karıştırın.
b) Tereyağı ve ağır kremayı birlikte çırpın.
c) Kuru malzemeleri ekleyin ve eşit şekilde dağıtmak için tekrar karıştırın.
ç) Tereyağı bir tutkal görevi görecek, kuru malzemelere yapışacak ve karışımı bir grup küçük kümeye dönüştürecektir. Karışım avucunuzda sıkıca sıkıldığında şeklini korumalıdır. Yeterince nemli değilse, ilave 14 ila 25 g (1 ila 1½ yemek kaşığı) tereyağı eritin ve karıştırın.

6. Anne hamuru

YAKLAŞIK 850 G (2 Pound)

İÇİNDEKİLER:
- 550 gr un [3½ su bardağı]
- 12 gr koşer tuzu [1 yemek kaşığı]
- 3,5 g aktif kuru maya [½ paket veya 1⅛ çay kaşığı]
- 370 gr su, oda sıcaklığında [1¾ bardak]

Talimatlar
a) Bir hamur yapmak için birleştirin

KREMLİ BÖREK

7. Mini Çilekli ve Kremalı Pastalar

Yapım: 2 Porsiyon

İÇİNDEKİLER:
- 3 yemek kaşığı krema, ağır
- Üzerine sürmek için 1 yumurta akı
- 1 Turta Hamuru
- 2 yemek kaşığı badem
- 1 bardak çilek, dilimlenmiş

TALİMATLAR:
a) Hamuru düzleştirin ve 3 inçlik daireler halinde kesin.
b) Hamurun ortasına çilek, badem ve kremayı yayın.
c) Kenarlarına yumurta akı sürün ve üzerine başka bir hamur koyun.
ç) Kenarlarına çatalla bastırın.
d) 360 derecede 10 dakika boyunca havayla kızartın.

8. çikolata kremalı turta

Yapım: 7 Porsiyon

İÇİNDEKİLER:
CEVİZLİ PİE KABUK (1 PİE KABUK OLUŞTURUR):
- 1 fincan çok amaçlı un
- 1 su bardağı ince kıyılmış ceviz
- 4 ons eritilmiş tereyağı

Muhallebi DOLGU (1 BÖREK DOLGUSU YAPAR):
- 1 bardak tam yağlı süt
- 1 bardak yarım buçuk
- 1 su bardağı toz şeker
- ¼ bardak mısır nişastası
- 3 yumurta sarısı
- 1 bütün yumurta
- 1 bardak Ghirardelli %60 kakaolu çikolata parçaları
- 1 yemek kaşığı vanilya özü

KREM PEYNİR DOLGU:
- 1 su bardağı ağır krem şanti
- 8 ons krem peynir
- 1 su bardağı pudra şekeri

ŞARTLANMIŞ TEPSİ:
- 2 su bardağı ağır krem şanti
- ½ su bardağı pudra şekeri

TOPLANTI:
- Hazırlanmış ve soğutulmuş pasta kabuğu
- ¾ su bardağı krem peynir dolgusu
- Hazırlanıp soğutulmuş muhallebi
- çırpılmış tepesi
- Yaklaşık 2 yemek kaşığı kıyılmış Ghirardelli %60 kakaolu çikolata parçacıkları

TALİMATLAR:
Cevizli Turta Kabuğu İçin
a) Tüm malzemeleri elinizle birleştirin.

b) 9 inç yüksekliğinde bir duvar pasta tepsisine bastırın. Köşelerin kalınlığına özellikle dikkat ederek pasta plakası boyunca eşit şekilde bastırdığınızdan emin olun. Çatlak olmamalıdır.
c) Kabuğu 375 derecede yaklaşık 15 dakika pişirin ve 10 dakikada pişip pişmediğini kontrol edin.
ç) En az 45 dakika boyunca bir fırın rafında soğutun.

muhallebi dolgusu için

d) Bir tencere kullanarak sütü ve yarım buçuku birleştirin. Sütü haşlamamaya dikkat ederek, ısınana kadar kısık ateşte ısıtın.
e) Ayrı bir kapta şekeri ve mısır nişastasını birlikte çırpın. Birleştirildikten sonra yumurta sarısını ve yumurtanın tamamını mısır nişastası karışımına ekleyin.
f) Isıtılmış süt/yarım buçuk karışımını yumurta karışımına ekleyin.
g) Birleştirilmiş **MALZEMELERİ** aynı tencereye dökün ve sürekli orta ateşte çırparak tekrar ateşe koyun. Uzaklaşmayın – çırpmaya devam edin.
ğ) Karışım puding kıvamına gelince ocaktan alın. En son vanilyayı ekleyin.
h) Çikolata parçacıklarını 2 litrelik bir kaba yerleştirin. Eriyene kadar aralıklarla karıştırarak 30 saniyelik aralıklarla mikrodalgada ısıtın. Eritilmiş çikolatayı muhallebinin içine iyice karışana kadar ekleyin.
ı) Kabuk oluşumunu önlemek için plastik ambalajla örtün. Soğuyana kadar en az 45 dakika buzdolabında bekletin.

KREM PEYNİR DOLGU:

i) Stand mikserini kullanarak, ağır kremayı sert zirvelere kadar çırpın. Bir kenara koyun.
j) Stand mikserini kullanarak krem peyniri yumuşayana kadar karıştırın. Krem peynire yavaş yavaş pudra şekeri ekleyin ve pürüzsüz hale gelinceye kadar karıştırın.
k) Çırpılmış kremayı krem peynir karışımına ekleyin. İyice birleşene kadar karıştırın.

ŞARTLANMIŞ TEPSİ:

l) Stand mikserini kullanarak ağır kremayı orta zirvelere kadar çırpın.

m) Şeker ekleyin ve sert zirveler oluşana kadar çırpmaya devam edin. Aşırı çırpmayın.

TOPLANTI:

n) Krem peynir dolgusunu pasta kabuğunun tabanına eşit şekilde yayın.
o) Krem peynir dolgusunu hazırlanan ve soğutulmuş muhallebi dolgusu ile kaplayın.
ö) Pastayı çırpılmış tepesi ile kaplayın.
p) Kıyılmış çikolata parçacıklarını serpin.

9. Muz Kremalı Pasta

Yapım: 7 Porsiyon

İÇİNDEKİLER:
CEVİZLİ PİE KABUK (1 PİE KABUK OLUŞTURUR):
- 1 fincan çok amaçlı un
- 1 su bardağı ince kıyılmış ceviz
- 4 ons eritilmiş tereyağı

Muhallebi DOLGU (1 BÖREK DOLGUSU YAPAR):
- 1 bardak tam yağlı süt
- 1 bardak yarım buçuk
- 1 su bardağı toz şeker
- ¼ bardak mısır nişastası
- 3 yumurta sarısı
- 1 bütün yumurta
- 1 yemek kaşığı vanilya özü

KREM PEYNİR DOLGU:
- 1 su bardağı ağır krem şanti
- 8 ons krem peynir
- 1 su bardağı pudra şekeri

ŞARTLANMIŞ TEPSİ:
- 2 su bardağı ağır krem şanti
- ½ su bardağı pudra şekeri

TOPLANTI:
- Hazırlanmış ve soğutulmuş pasta kabuğu
- ¾ su bardağı krem peynir dolgusu
- Önyargıda dilimlenmiş 2 muz
- Hazırlanıp soğutulmuş muhallebi
- çırpılmış tepesi
- Yaklaşık 2 yemek kaşığı kıyılmış ceviz

TALİMATLAR:
Cevizli Turta Kabuğu:
a) Tüm malzemeleri elinizle birleştirin.
b) 9 inç yüksekliğinde bir duvar pasta tepsisine bastırın. Köşelerin kalınlığına özellikle dikkat ederek pasta plakası boyunca eşit şekilde bastırdığınızdan emin olun. Çatlak olmamalıdır.
c) Kabuğu 375 derecede yaklaşık 15 dakika pişirin ve 10 dakikada pişip pişmediğini kontrol edin.
ç) En az 45 dakika boyunca bir fırın rafında soğutun.

muhallebi DOLGU:
d) Bir tencere kullanarak sütü ve yarım buçuku birleştirin. Sütü haşlamamaya dikkat ederek, ısınana kadar kısık ateşte ısıtın.
e) Ayrı bir kapta şekeri ve mısır nişastasını birlikte çırpın. Birleştirildikten sonra yumurta sarısını ve yumurtanın tamamını mısır nişastası karışımına ekleyin.
f) Isıtılmış süt/yarım buçuk karışımını yumurta karışımına ekleyin.
g) Birleştirilmiş **MALZEMELERİ** aynı tencereye dökün ve sürekli orta ateşte çırparak tekrar ateşe koyun. Uzaklaşmayın – çırpmaya devam edin.
ğ) Karışım puding kıvamına gelince ocaktan alın. En son vanilyayı ekleyin.
h) Kabuk oluşumunu önlemek için plastik ambalajla örtün. Soğuyana kadar en az 45 dakika buzdolabında bekletin.

KREM PEYNİR DOLGU:
ı) Stand mikserini kullanarak, ağır kremayı sert zirvelere kadar çırpın. Bir kenara koyun.
i) Stand mikserini kullanarak krem peyniri yumuşayana kadar karıştırın. Krem peynire yavaş yavaş pudra şekeri ekleyin ve pürüzsüz hale gelinceye kadar karıştırın.
j) Çırpılmış kremayı krem peynir karışımına ekleyin. İyice birleşene kadar karıştırın.

ŞARTLANMIŞ TEPSİ:
k) Stand mikserini kullanarak ağır kremayı orta zirvelere kadar çırpın.
l) Şeker ekleyin ve sert zirveler oluşana kadar çırpmaya devam edin. Aşırı çırpmayın.

TOPLANTI:

m) Krem peynir dolgusunu pasta kabuğunun tabanına eşit şekilde yayın.
n) Biyeli kesilmiş muzlarınızı krem peynir dolgusunun üzerine katlayın.
o) Muzları hazırlanan ve soğutulmuş muhallebi dolgusu ile kaplayın.
ö) Pastayı çırpılmış tepesi ve doğranmış cevizlerle kaplayın.

10. Tahıl sütlü dondurmalı pasta

1 (10 İNÇ) PIE YAPAR; 8 İLA 10 ARASI HİZMET VERİR

İÇİNDEKİLER:
- ½ porsiyon Cornflake Crunch [180 g (2 bardak)]
- 25 gr eritilmiş tereyağı [2 yemek kaşığı]
- 1 porsiyon Tahıllı Sütlü Dondurma

Talimatlar

a) Ellerinizi kullanarak, mısır gevreği çıtır kümelerini yarı büyüklüğüne kadar ufalayın.

b) Eritilmiş tereyağını ufalanmış mısır gevreği çıtırının içine atın ve iyice karıştırın. Parmaklarınızı ve avuç içlerinizi kullanarak, karışımı 10 inçlik bir tart kalıbına sıkıca bastırın, pasta kalıbının alt ve yanlarının eşit şekilde kaplandığından emin olun. Plastikle sarılmış kabuk 2 haftaya kadar dondurulabilir.

c) Dondurmayı pasta kabuğuna yaymak için bir spatula kullanın. Pastayı en az 3 saat veya pastanın kesilmesi ve servis edilmesi kolay olacak kadar dondurma yeterince sertleşinceye kadar dondurun. Plastik ambalaja sarılmış pasta, dondurucuda 2 hafta boyunca saklanacaktır.

11. PB ve J pastası

1 (10 İNÇ) PIE YAPAR; 8 İLA 10 ARASI HİZMET VERİR

İÇİNDEKİLER:
- 1 porsiyon pişmemiş Ritz Crunch
- 1 porsiyon Fıstık Ezmesi Nugası
- 1 porsiyon Concord Üzüm Şerbeti
- ½ porsiyon Concord Üzüm Sosu

Talimatlar

a) Fırını 275°F'ye ısıtın.
b) Ritz çıtırını 10 inçlik bir pasta kalıbına bastırın. Parmaklarınızı ve avuç içlerinizi kullanarak, tabanı ve yanları eşit ve tamamen kapladığından emin olarak çıtırı sıkıca bastırın.
c) Kalıbı bir fırın tepsisine koyun ve 20 dakika pişirin. Ritz kabuğu, başladığınız çıtırlığa göre biraz daha altın kahverengi ve biraz daha derin tereyağ kıvamında olmalıdır. Ritz çıtır kabuğunu tamamen soğutun; plastiğe sarılı kabuk 2 haftaya kadar dondurulabilir.
ç) Fıstık ezmeli nugayı pasta kabuğunun tabanına dağıtın ve ardından düz bir tabaka oluşturacak şekilde hafifçe bastırın. Bu katmanı 30 dakika veya soğuyuncaya ve sertleşinceye kadar dondurun. Şerbeti nuganın üzerine dökün ve eşit bir tabaka halinde yayın. Pastayı şerbet sertleşinceye kadar (30 dakika ila 1 saat) dondurucuya koyun.
d) Concord üzüm sosunu pastanın üzerine dökün ve hızlı bir şekilde şerbetin üzerine eşit şekilde dağıtın.
e) Pastayı dilimleyip servise hazır oluncaya kadar dondurucuya geri koyun. Plastikle (nazikçe) sarılmış pasta 1 aya kadar dondurulabilir.

12. Muz Kremalı Pasta

1 (10 İNÇ) PIE YAPAR; 8 İLA 10 ARASI HİZMET VERİR

İÇİNDEKİLER:
- 1 porsiyon Muz Kreması
- 1 porsiyon Çikolatalı Kabuk
- 1 muz, henüz olgunlaşmış, dilimlenmiş

muz kreması
- 225g muz
- 75 gr krema [⅓ bardak]
- 55 gr süt [¼ bardak]
- 100 gr şeker [½ su bardağı]
- 25 gr mısır nişastası [2 yemek kaşığı]
- 2 gr koşer tuzu [½ çay kaşığı]
- 3 yumurta sarısı
- 2 jelatin tabaka
- 40 gr tereyağı [3 yemek kaşığı]
- 25 damla sarı gıda boyası [½ çay kaşığı]
- 160 gr krema [¾ bardak]
- 160 gr şekerleme şekeri [1 su bardağı]

Talimatlar

a) Muzlu kremanın yarısını pasta kabuğunun içine dökün. Üzerini bir kat dilimlenmiş muzla örtün, ardından muzları kalan muz kremasıyla kaplayın. Pasta buzdolabında saklanmalı ve yapıldıktan sonraki bir gün içinde tüketilmelidir.

b) Muz, krema ve sütü bir karıştırıcıda birleştirin ve tamamen pürüzsüz hale gelinceye kadar püre haline getirin.

c) Şekeri, mısır nişastasını, tuzu ve yumurta sarısını ekleyin ve homojen olana kadar karıştırmaya devam edin. Karışımı orta boy bir tencereye dökün. Blender kutusunu temizleyin.

ç) Jelatini çiçeklendirin.

d) Tavanın içeriğini çırpın ve orta-düşük ateşte ısıtın. Muz karışımı ısındıkça koyulaşacaktır. Kaynatın ve ardından nişastanın tamamen pişmesi için 2 dakika boyunca kuvvetlice çırpmaya devam edin. Karışım, çimentoya bitişik, uyumlu renkte kalın bir yapıştırıcıya benzeyecektir.

e) Tencerenin içindekileri blendera boşaltın. Çiçeklenmiş jelatini ve tereyağını ekleyin ve karışım pürüzsüz ve eşit hale gelinceye kadar karıştırın. Karışımı parlak çizgi film-muz sarısı olana kadar sarı gıda boyasıyla renklendirin.
f) Muz karışımını ısıya dayanıklı bir kaba aktarın ve tamamen soğuyana kadar 30 ila 60 dakika buzdolabına koyun.
g) Bir çırpma teli veya çırpma aparatı olan bir karıştırıcı kullanarak kremayı ve şekerleme şekerini orta yumuşaklıkta zirvelere kadar çırpın.
ğ) Soğuk muz karışımını çırpılmış kremaya ekleyin ve eşit renkte ve homojen olana kadar yavaş yavaş çırpın. Hava geçirmez bir kapta saklanan muz kreması buzdolabında 5 güne kadar tazeliğini korur.

13. Brownie turtası

1 (10 İNÇ) PIE YAPAR; 8 İLA 10 ARASI HİZMET VERİR

İÇİNDEKİLER:
- ¾ porsiyon Graham Crust [255 g (1½ bardak)]
- 125 g %72 çikolata [4½ ons]
- 85 gr tereyağı [6 yemek kaşığı]
- 2 yumurta
- 150 gr şeker [¾ su bardağı]
- 40 gr un [¼ bardak]
- 25 gr kakao tozu
- 2 gr koşer tuzu [½ çay kaşığı]
- 110 gr krema [½ bardak]

Talimatlar
a) Fırını 350°F'ye ısıtın.
b) 210 g (1¼ bardak) graham kabuğunu 10 inçlik bir tart kalıbına boşaltın ve kalan 45 g'ı (¼ bardak) bir kenara koyun. Parmaklarınızla ve avuç içlerinizle hamuru tart kalıbına sıkıca bastırın, tavanın altını ve yanlarını tamamen kaplayın. Plastikle sarılmış kabuk, 2 haftaya kadar soğutulabilir veya dondurulabilir.
c) Çikolatayı ve tereyağını mikrodalgaya dayanıklı bir kapta birleştirin ve bunları 30 ila 50 saniye boyunca kısık ateşte yavaşça eritin. Isıya dayanıklı bir spatula kullanarak bunları birlikte karıştırın ve karışım parlak ve pürüzsüz hale gelinceye kadar karıştırın.
ç) Yumurtaları ve şekeri, çırpma aparatı takılı bir stand mikserinin kasesinde birleştirin ve karışım kabarık ve açık sarı olana ve şerit durumuna ulaşana kadar 3 ila 4 dakika yüksek devirde çırpın. (Çırpıcınızı çıkarın, çırpılmış yumurtalara daldırın ve sarkaç gibi ileri geri sallayın: karışım kalınlaşmış, ipeksi bir şerit oluşturmalıdır, bu şerit düşüp sonra hamurun içinde kaybolmalıdır.) Karışım şeritler oluşturmuyorsa devam edin. gerektiği kadar yükseğe çırpmak.
d) Çırpıcıyı kürek aparatıyla değiştirin. Çikolata karışımını yumurtalara dökün ve kısa bir süre düşük devirde karıştırın,

ardından hızı orta seviyeye yükseltin ve karışımı 1 dakika boyunca veya kahverengi ve tamamen homojen hale gelinceye kadar çırpın. Koyu çikolata izleri varsa, birkaç saniye daha uzun süre veya gerektiği kadar kürek çekin. Kasenin kenarlarını kazıyın.

e) Unu, kakao tozunu ve tuzu ekleyin ve düşük hızda 45 ila 60 saniye boyunca kürek çekin. Kuru malzeme yığınları olmamalıdır. Topaklanma varsa 30 saniye daha karıştırın. Kasenin kenarlarını kazıyın.

f) Ağır kremayı düşük hızda akıtın, hamur biraz gevşeyene ve beyaz krema çizgileri tamamen karışana kadar 30 ila 45 saniye karıştırın. Kasenin kenarlarını kazıyın.

g) Küreği ayırın ve kaseyi mikserden çıkarın. 45 g (¼ bardak) graham kabuğunu bir spatula ile yavaşça katlayın.

ğ) Bir kağıt tepsisi alın ve üzerine graham kabuğundan oluşan pasta kalıbını koyun. Bir spatula yardımıyla brownie hamurunu graham kabuğunun içine kazıyın. 25 dakika pişirin. Pastanın kenarları hafifçe kabarmalı ve üstte şekerli bir kabuk oluşmalıdır. Brownie pastanın ortası hala sıvıysa ve kabuk oluşturmamışsa, 5 dakika kadar daha pişirin.

h) Pastayı bir rafta soğutun. (Aceleniz varsa pastayı fırından çıkarıp doğrudan buzdolabına veya derin dondurucuya dikkatli bir şekilde aktararak soğuma sürecini hızlandırabilirsiniz.) Plastikle sarılmış pasta, buzdolabında 1 haftaya kadar taze kalacaktır veya 2 haftaya kadar dondurucuda.

14. Çekirge turtası

1 (10 İNÇ) PIE YAPAR; 8 İLA 10 ARASI HİZMET VERİR

İÇİNDEKİLER:
- 8. adıma göre hazırlanan 1 porsiyon Brownie Pie
- 1 porsiyon Nane Cheesecake Dolgusu
- 20 gr mini çikolata parçacıkları [2 yemek kaşığı]
- 25 gr mini marshmallow [½ bardak]
- 1 porsiyon Nane Sır, sıcak

Talimatlar
a) Fırını 350°F'ye ısıtın.
b) Bir kağıt tepsisi alın ve üzerine graham kabuğundan oluşan pasta kalıbını koyun. Nane cheesecake dolgusunu kabuğun içine dökün. Üzerine brownie hamurunu dökün. Bıçağın ucunu kullanarak hamuru ve nane dolgusunu döndürün, nane dolgusunun çizgilerini çizerek brownie hamurunun içinden görünmesini sağlayın.
c) Mini çikolata parçacıklarını turtanın ortasındaki küçük bir halkaya serpin ve hedef merkezini boş bırakın. Mini marshmallow'ları çikolata parçacıkları halkasının etrafındaki bir halkaya serpin.
ç) Pastayı 25 dakika pişirin. Kenarlardan hafifçe kabarmalı ancak ortası hala titrek olmalıdır. Mini çikolata parçacıkları erimeye başlamış gibi görünecek ve mini marshmallowlar eşit şekilde bronzlaşmış olmalıdır. Aksi takdirde pastayı 3 ila 4 dakika daha fırında bırakın.
d) Bitirmeden önce pastayı tamamen soğutun.
e) Sırınızın hala dokunulamayacak kadar sıcak olduğundan emin olun. Çatalın uçlarını sıcak sırın içine daldırın, ardından çatalı turtanın tam ortasından yaklaşık 1 inç yukarıya doğru sallayın.
f) Servis yapmadan önce naneli sırın sertleşmesi için pastayı buzdolabına aktarın; bu, soğuduktan hemen sonra, yaklaşık 15 dakika sonra gerçekleşecektir. Plastikle sarılmış pasta, buzdolabında 1 haftaya kadar, dondurucuda ise 2 haftaya kadar taze kalacaktır.

15. Sarışın pasta

1 (10 İNÇ) PIE YAPAR; 8 İLA 10 ARASI HİZMET VERİR

İÇİNDEKİLER:
- ¾ Graham Crust porsiyonu
- [255 gr (1½ bardak)]
- 1 porsiyon Blondie Pie Dolgusu
- 1 porsiyon Kaju Pralin

DOLGU İÇİN
- 160 gr beyaz çikolata [5½ ons]
- 55 gr tereyağı [4 yemek kaşığı (½ çubuk)]
- 2 yumurta sarısı
- 40 gr şeker [3 yemek kaşığı]
- 105 gr krema [½ bardak]
- 52 gr un [⅓ su bardağı]
- ½ porsiyon Kaju Gevreği
- 4 gr koşer tuzu [1 çay kaşığı]

Talimatlar

a) Beyaz çikolatayı ve tereyağını mikrodalgaya dayanıklı bir kapta birleştirin ve orta ateşte, 30 saniyelik artışlarla, patlamalar arasında karıştırarak yavaşça eritin. Eridikten sonra karışımı pürüzsüz hale gelinceye kadar çırpın.

b) Yumurta sarılarını ve şekeri orta boy bir kaseye koyun ve pürüzsüz hale gelinceye kadar çırpın. Beyaz çikolata karışımını dökün ve birleştirmek için çırpın. Yavaş yavaş ağır kremayı dökün ve birleştirmek için çırpın.

c) Unu, kaju fıstığını ve tuzu küçük bir kasede karıştırın, ardından dikkatlice dolguya katlayın. Hemen kullanın veya buzdolabında hava geçirmez bir kapta 2 haftaya kadar saklayın.

DOLGU İÇİN

ç) Fırını 325°F'ye ısıtın.

d) Graham kabuğunu 10 inçlik bir pasta kalıbına boşaltın. Parmaklarınızla ve avuç içlerinizle, tabanı ve yanları eşit şekilde kaplayacak şekilde kabuğu tart kalıbına sıkıca bastırın. Doldurmayı yaparken bir kenara koyun. Plastikle sarılmış kabuk, 2 haftaya kadar soğutulabilir veya dondurulabilir.

e) Pasta kalıbını bir fırın tepsisine koyun ve sarışın pasta dolgusunu dökün. Pastayı 30 dakika pişirin. Ortaya hafifçe yerleşecek ve rengi koyulaşacaktır. Aksi takdirde 3 ila 5 dakika ekleyin. Oda sıcaklığına soğumaya bırakın.
f) Servis yapmadan hemen önce pastanın üstünü kaju praliniyle kaplayın.

16. Şekerli pasta

1 (10 İNÇ) PIE YAPAR; 8 HİZMET VERİR

İÇİNDEKİLER:
- 1 porsiyon Tuzlu Karamel, eritilmiş
- 1 porsiyon Çikolatalı Kabuk, buzdolabında
- 8 adet mini simit
- 1 porsiyon Fıstık Ezmesi Nugası
- 45 g %55 çikolata [1½ ons]
- 45 gr beyaz çikolata [1½ ons]
- 20 gr üzüm çekirdeği yağı [2 yemek kaşığı]

Talimatlar

a) Tuzlu karameli kabuğun içine dökün. En az 4 saat veya gece boyunca ayarlamak için buzdolabına geri koyun.

b) Fırını 300°F'ye ısıtın.

c) Krakerleri bir fırın tepsisine yayın ve 20 dakika kızartın. Soğuması için bir kenara koyun.

ç) Pastayı buzdolabından alın ve sertleşmiş karamelin yüzünü nugayla kaplayın. Nugayı aşağı doğru bastırmak ve düz bir tabaka halinde düzeltmek için avuçlarınızı kullanın. Pastayı buzdolabına geri koyun ve nuganın 1 saat kadar sertleşmesini bekleyin.

d) Çikolataları ve yağı mikrodalgaya dayanıklı bir kapta birleştirerek ve patlamalar arasında karıştırarak 30 saniyelik artışlarla orta ateşte yavaşça eriterek çikolata sosu hazırlayın. Çikolata eridikten sonra karışımı pürüzsüz ve parlak olana kadar çırpın. Glazeyi aynı gün kullanın veya hava geçirmez bir kapta oda sıcaklığında 3 haftaya kadar saklayın.

e) Pastayı bitirin: Buzdolabından çıkarın ve bir pasta fırçası kullanarak nuganın üzerine ince bir tabaka halinde çikolata sosu sürün ve üzerini tamamen kaplayın. (Sır sertleştiyse, pastanın üzerine boyamayı kolaylaştırmak için hafifçe ısıtın.) Krakerleri pastanın kenarlarına eşit şekilde yerleştirin. Kalan çikolata sırını simitlerin üzerine ince bir tabaka halinde boyamak için pasta fırçasını kullanın, tazeliğini ve lezzetini koruyun.

f) Çikolatanın donması için pastayı en az 15 dakika buzdolabına koyun. Plastikle sarılmış pasta, buzdolabında 3 hafta veya dondurucuda 2 aya kadar taze kalacaktır; Servis yapmadan önce buzunu çözün.

a) Tuzlu krakerleri kılavuz olarak kullanarak pastayı 8 dilime kesin: her dilimin üzerinde tam bir tuzlu kraker bulunmalıdır.

17. Limonlu kremalı-fıstıklı turta

1 (10 İNÇ) PIE YAPAR; 8 İLA 10 ARASI HİZMET VERİR

İÇİNDEKİLER:
- 1 porsiyon Fıstıklı Crunch
- 15 gr beyaz çikolata, eritilmiş [½ ons]
- ¼ porsiyon Limonlu Lor [305 g (1⅓ bardak)]
- 200 gr şeker [1 su bardağı]
- 100 gr su [½ su bardağı]
- 3 yumurta akı
- ⅓ porsiyon Limonlu Lor [155 g (¼ bardak)]

Talimatlar

a) Fıstık ezmesini 10 inçlik bir pasta kalıbına boşaltın. Parmaklarınızla ve avuç içlerinizle, çıtırtıyı tart kalıbına sıkıca bastırın, tabanın ve yanların eşit şekilde kaplandığından emin olun. Doldururken bir kenara koyun; plastiğe sarılı kabuk 2 haftaya kadar buzdolabında saklanabilir.

b) Bir pasta fırçası kullanarak, kabuğun alt ve yanlarına ince bir tabaka beyaz çikolata sürün. Çikolatanın donması için kabuğu 10 dakika dondurucuya koyun.

c) Küçük bir kaseye 305 gr (1⅓ bardak) limonlu loru koyun ve biraz gevşetmek için karıştırın. Limonlu loru bir kabuğa kazıyın ve bir kaşığın arkasını veya bir spatulayı kullanarak eşit bir tabaka halinde yayın. Limonlu lor tabakasının sertleşmesine yardımcı olmak için pastayı yaklaşık 10 dakika dondurucuya yerleştirin.

ç) Bu arada, şekeri ve suyu küçük, ağır dipli bir tencerede birleştirin ve şekeri ıslak kum gibi hissedene kadar suyun içinde yavaşça çalkalayın. Tencereyi orta ateşe yerleştirin ve karışımı 115°C'ye (239°F) kadar ısıtın, sıcaklığı anında okunan veya şeker termometresiyle takip edin.

d) Şeker ısınırken, yumurta aklarını stand mikserinin kasesine koyun ve çırpma aparatı ile orta yumuşaklıkta zirvelere kadar çırpmaya başlayın.

e) bunu yapmadan önce karıştırıcıyı çok düşük hıza getirin, yüzünüzde ilginç yanık izleri istemiyorsanız.

f) Yumurta beyazlarına şekerin tamamı başarıyla eklendikten sonra mikserin hızını tekrar artırın ve bezenin oda sıcaklığına soğuyana kadar çırpılmasını sağlayın.

g) Beze çırpılırken 155 gr (¼ bardak) limon kremasını geniş bir kaseye koyun ve bir spatula yardımıyla karıştırarak biraz gevşetin.
ğ) Beze oda sıcaklığına soğuduğunda, karıştırıcıyı kapatın, kaseyi çıkarın ve bezeyi söndürmemeye dikkat ederek, beyaz çizgiler kalmayıncaya kadar bezeyi spatula ile limonlu lorun içine katlayın.
h) Pastayı dondurucudan çıkarın ve limonlu kremayı limonlu kremanın üzerine koyun. Bir kaşık kullanarak bezeyi limonlu peyniri tamamen kaplayacak şekilde eşit bir tabaka halinde yayın.
ı) Pastayı kullanıma hazır olana kadar dondurucuda servis edin veya saklayın. Sert bir şekilde dondurulduktan sonra plastik ambalaja sıkıca sarılır ve dondurucuda 3 haftaya kadar saklanır. Servis yapmadan önce pastanın bir gece buzdolabında veya oda sıcaklığında en az 3 saat çözülmesini bekleyin.

18. Çatlak pasta

2 (10 İNÇ) BÖREK YAPILIR; HER BİRİ 8 İLA 10 KİŞİYE HİZMET VERİR

İÇİNDEKİLER:
- 1 porsiyon Yulaflı Kurabiye
- 15 gr açık kahverengi şeker [1 yemek kaşığı sıkıca paketlenmiş]
- 1 gr tuz [¼ çay kaşığı]
- 55 g tereyağı, eritilmiş veya gerektiği kadar [4 yemek kaşığı (½ çubuk)]
- 1 porsiyon Çatlak Pasta Doldurma
- pudralama için şekerleme şekeri

DOLGU İÇİN
- 300 gr toz şeker [1½ su bardağı]
- 180 g açık kahverengi şeker [¾ bardak sıkıca paketlenmiş]
- 20 gr süt tozu [¼ bardak]
- 24 gr mısır tozu [¼ bardak]
- 6 gr koşer tuzu [1½ çay kaşığı]
- 225 g eritilmiş tereyağı [16 yemek kaşığı (2 çubuk)]
- 160 gr krema [¾ bardak]
- 2 gr vanilya özütü [½ çay kaşığı]
- 8 yumurta sarısı

Talimatlar

a) Fırını 350°F'ye ısıtın.
b) Yulaf kurabiyesini, esmer şekeri ve tuzu bir mutfak robotuna koyun ve kurabiye ıslak kum haline gelinceye kadar açıp kapatın. (Mutfak robotunuz yoksa, yapana kadar taklit yapıp yulaflı kurabiyeyi ellerinizle özenle ufalayabilirsiniz.)
c) Kırıntıları bir kaseye aktarın, tereyağını ekleyin ve tereyağı ve öğütülmüş kurabiye karışımını top oluşturacak kadar nemli olana kadar yoğurun. Yeterince nemli değilse, ilave 14 ila 25 g (1 ila 1½ yemek kaşığı) tereyağı eritin ve yoğurun.
ç) Yulaf kabuğunu 2 (10 inç) pasta kalıbına eşit olarak bölün. Parmaklarınızı ve avuç içlerinizi kullanarak, yulaflı kurabiye kabuğunu her bir tart kalıbına sıkıca bastırın, kalıbın alt ve yanlarının eşit şekilde kaplandığından emin olun. Pasta kabuklarını hemen kullanın veya plastiğe iyice sarın ve oda

sıcaklığında 5 güne kadar veya buzdolabında 2 haftaya kadar saklayın.

d) Her iki turta kabuğunu da bir tepsiye koyun. Çatlak pasta dolgusunu kabukların arasına eşit olarak bölün; dolgu onları dörtte üç oranında doldurmalıdır. Sadece 15 dakika pişirin. Turtaların üstü altın rengi kahverengi olmalı ama yine de çok titrek olacak.

e) Fırın kapağını açın ve fırın sıcaklığını 325°F'ye düşürün. Fırınınıza bağlı olarak fırının yeni sıcaklığa soğuması 5 dakika veya daha uzun sürebilir. Bu işlem sırasında turtaları fırında tutun. Fırın 325°F sıcaklığa ulaştığında kapıyı kapatın ve turtaları 5 dakika daha pişirin. Turtalar hala tam ortasında titrek olmalı, ancak dış kenarların etrafında olmamalıdır. Doldurma hala çok sallanıyorsa, turtaları yaklaşık 5 dakika daha fırında bırakın.

f) Çatlak turta tavasını yavaşça fırından çıkarın ve oda sıcaklığına soğuması için bir rafa aktarın. (Aceleniz varsa, turtaları dikkatli bir şekilde buzdolabına veya dondurucuya aktararak soğutma işlemini hızlandırabilirsiniz.) Daha sonra, yoğun bir nihai ürün elde etmek için turtalarınızı en az 3 saat veya gece boyunca dondurun. dondurma, mükemmel bir şekilde uygulanan çatlak pastanın imza tekniği ve sonucudur.

g) Turtaları hemen servis etmeyecekseniz, plastik ambalajla iyice sarın. Buzdolabında 5 gün tazeliğini koruyacaktır; Dondurucuda 1 ay kadar saklanacaktır. İçeri girmeye hazır olmadan en az 1 saat önce pastayı/pastaları dondurucudan buzdolabına aktarıp buzunu çözün.

ğ) Çatlak pastanızı soğuk servis edin! Pastanızı/pastalarınızı şekerleme şekeriyle süsleyin, ister ince bir elekten geçirin, ister parmaklarınızla tutamları dağıtın.

DOLGU İÇİN

h) Şekeri, esmer şekeri, süt tozunu, mısır tozunu ve tuzu, kürek aparatıyla donatılmış bir stand mikserinin kasesinde birleştirin ve eşit şekilde karışana kadar düşük hızda karıştırın.

ı) Eritilmiş tereyağını ekleyin ve tüm kuru malzemeler nemli oluncaya kadar 2 ila 3 dakika çırpın.

i) Ağır kremayı ve vanilyayı ekleyin ve kremadaki beyaz çizgiler karışımda tamamen kaybolana kadar 2 ila 3 dakika kadar düşük devirde karıştırmaya devam edin. Kasenin kenarlarını spatulayla kazıyın.
j) Yumurta sarılarını ekleyin ve birleştirmek için karışıma yedirin; Karışımın hava almamasına dikkat edin ancak karışımın parlak ve homojen olmasına dikkat edin. Düşük hızda karıştırarak kıvam alana kadar karıştırın.
k) Dolguyu hemen kullanın veya 1 haftaya kadar buzdolabında hava geçirmez bir kapta saklayın.

19. Tatlı mısır gevreği sütlü dondurmalı pasta

1 (10-İNÇ) PATA YAPAR; 8 İLA 10 ARASI HİZMET VERİR

İÇİNDEKİLER:
- 225 gr Mısır Kurabiyesi [yaklaşık 3 kurabiye]
- 25 gr tereyağı, eritilmiş veya gerektiği kadar [2 yemek kaşığı]
- 1 porsiyon Tatlı Mısır Tahıllı Süt "Dondurma" Dolgusu

Talimatlar
a) Mısırlı kurabiyeleri mutfak robotuna koyun ve kurabiyeler parlak sarı kum haline gelinceye kadar açıp kapatın.
b) Bir kasede tereyağı ve öğütülmüş kurabiye karışımını top oluşturacak kadar nemli oluncaya kadar elle yoğurun. Yeterince nemli değilse 14 gr (1 yemek kaşığı) tereyağını daha eritip yoğurun.
c) Parmaklarınızı ve avuç içlerinizi kullanarak mısırlı kurabiye kabuğunu 10 inçlik bir pasta tabağına sıkıca bastırın. Pasta tabağının tabanının ve duvarlarının eşit şekilde kaplandığından emin olun. Plastikle sarılmış kabuk 2 haftaya kadar dondurulabilir.
ç) Tahıl sütü "dondurma" dolgusunu pasta kabuğuna kazımak ve yaymak için bir spatula kullanın. Dolguyu eşitlemek için doldurulmuş pastayı tezgahın yüzeyine hafifçe vurun.
d) Pastayı en az 3 saat veya "dondurma" donup kesilip servis edilebilecek kadar sertleşene kadar dondurun. Cennet dilimlerinizi sonraya saklıyorsanız, dondurmalı pastayı plastiğe sarılı olarak 2 haftaya kadar dondurabilirsiniz.

20. Kremalı Ricotta Turtası

Yapım: 6

- **İÇİNDEKİLER:**
- 1 mağazadan satın alınan pasta kabuğu
- 1 ½ lb. ricotta peyniri
- ½ su bardağı mascarpone peyniri
- 4 çırpılmış yumurta
- ½ su bardağı beyaz şeker
- 1 yemek kaşığı brendi

TALİMATLAR:
a) Fırını 350 Fahrenheit dereceye kadar önceden ısıtın.
b) Tüm dolgu **MALZEMELERİNİ** bir karıştırma kabında birleştirin. Daha sonra karışımı hamurun içine dökün.
c) Fırını önceden 350°F'ye ısıtın ve 45 dakika pişirin.
ç) Servis yapmadan önce pastayı en az 1 saat buzdolabında bekletin.

21. Kaju-Muzlu Kremalı Pasta

8 porsiyon yapar

İÇİNDEKİLER:
- 1 1/2 bardak vegan vanilyalı kurabiye kırıntısı
- 1/4 bardak vegan margarin, eritilmiş
- 1/2 bardak tuzsuz çiğ kaju fıstığı
- 1 (13 ons) şekersiz hindistan cevizi sütü olabilir
- 2/3 su bardağı şeker
- olgun muz
- 1 yemek kaşığı agar gevreği
- 1 çay kaşığı saf vanilya özü
- 1 çay kaşığı hindistan cevizi özü (isteğe bağlı)
- Garnitür için ev yapımı veya mağazadan satın alınan Vegan Krem Şanti ve kızarmış hindistan cevizi

TALİMATLAR:
a) 8 inçlik yaylı tava veya pasta tabağının altını ve yanlarını hafifçe yağlayın ve bir kenara koyun. Bir mutfak robotunda kurabiye kırıntılarını ve margarini birleştirin ve kırıntılar nemlenene kadar çalıştırın. Kırıntı karışımını hazırlanan tavanın tabanına ve yanlarına bastırın. İhtiyaç duyulana kadar buzdolabında saklayın.

b) Yüksek hızlı bir karıştırıcıda kajuları toz haline getirin. Hindistan cevizi sütünü, şekeri ve muzlardan birini ekleyin ve pürüzsüz hale gelinceye kadar karıştırın. Karışımı bir tencereye kazıyın, agar pullarını ekleyin ve agarın yumuşaması için 10 dakika bekletin. Kaynatın ve ardından ısıyı en aza indirin ve agarın çözünmesi için sürekli karıştırarak yaklaşık 3 dakika pişirin. Ateşten alın ve kullanıyorsanız limon suyu, vanilya ve hindistan cevizi özünü ekleyerek karıştırın. Bir kenara koyun.

c) Kalan 2 muzu 1/4 inçlik dilimler halinde kesin ve hazırlanan kabın tabanına eşit şekilde yerleştirin.

ç) tava. Kaju-muz karışımını tavaya yayın, ardından iyice soğuyuncaya kadar buzdolabında saklayın. Servise hazır olduğunuzda üzerini krem şanti ve hindistan ceviziyle süsleyin. Artıkları buzdolabında üstü kapalı olarak saklayın.

22. Fıstık Ezmesi-Dondurmalı Pasta

8 porsiyon yapar

İÇİNDEKİLER:
- 11/2 bardak vegan çikolatalı kurabiye kırıntısı
- 1/4 bardak vegan margarin, eritilmiş
- 1 litre vegan vanilyalı dondurma, yumuşatılmış
- 2 su bardağı kremalı fıstık ezmesi
- Garnitür için vegan çikolata bukleleri

TALİMATLAR:
a) 9 inçlik yaylı tavanın altını ve yanlarını hafifçe yağlayın ve bir kenara koyun. Bir mutfak robotunda kurabiye kırıntılarını ve margarini birleştirin ve kırıntılar nemlenene kadar işleyin. Kırıntı karışımını hazırlanan tavaya bastırın ve tavanın tabanına ve yanlarına bastırın. İhtiyaç duyulana kadar buzdolabında saklayın.

b) Bir mutfak robotunda dondurmayı ve fıstık ezmesini birleştirin ve iyice karışana kadar karıştırın. Karışımı hazırlanan kabuğa eşit şekilde dağıtın.

c) 3 saat veya gece boyunca dondurun. Pastayı 5 dakika oda sıcaklığına getirin ve kelepçeli kalıbın kenarlarını dikkatlice çıkarın. Pastanın üzerine çikolata parçacıklarını serpin ve servis yapın.

23. Boston kremalı pasta

1 porsiyon

İÇİNDEKİLER:
- 1 bardak Süt
- ½ su bardağı toz şeker
- 3 yemek kaşığı Un
- ⅛ çay kaşığı Tuz
- 2 Yumurta sarısı
- 1½ çay kaşığı Vanilya
- 2 8 inç katmanlar Boston Favori
- Kek (bkz. MM #3607)
- Şekerleme şekeri

TALİMATLAR:

a) Sütü bir tavada çok sıcak olana kadar ısıtın, ardından toz şeker, un ve tuzu hızla karıştırın. Orta ateşte, sürekli karıştırarak, iyice koyulaşana kadar pişirin.

b) Yumurta sarılarını ekleyip 4-5 dakika daha karıştırmaya devam ederek pişirin. Ocaktan alınıp vanilya eklenir ve ara ara karıştırılarak soğutulur. İyice örtün ve kullanıma hazır olana kadar buzdolabında saklayın.

c) Kremayı kek katlarının arasına sürün ve pastanın üstünü şekerleme şekeriyle tozlayın. Buzdolabında saklayın.

EL BÖREKLERİ

24. S'mores el turtaları

Yapım: 8 el turtası

İÇİNDEKİLER:
- 1 adet. (2 kabuk) soğutulmuş pişmemiş turtalar
- 2 YEMEK KAŞIĞI. artı 2 çay kaşığı. Eritilmiş tereyağı
- 1 bardak marshmallow ezmesi
- 4 adet double graham kraker, ufalanmış
- 1 su bardağı yarı tatlı çikolata parçaları
- 1 büyük yumurta, hafifçe dövülmüş

TALİMATLAR:
a) Fırını 340°F'ye (171°C) ısıtın.
b) İki fırın tepsisini parşömen kağıdıyla hizalayın ve bir kenara koyun.
c) Hamur parçalarını unlanmış bir çalışma yüzeyine yerleştirin ve oklava kullanarak hafifçe açın. 6 inçlik küçük, ters çevrilmiş bir kase kullanma. (15 cm) çapında, 8 daireyi kesmek için hamurun içine bastırın. Her daireyi 1 çay kaşığı tereyağıyla fırçalayın.
ç) Her daireye 2 yemek kaşığı marshmallow sürün. Graham kraker kırıntılarını 8 dairenin yarısına eşit şekilde dağıtın ve ½ inçlik (1,25 cm) bir kenar bırakın. Her birinin üstüne yarı tatlı çikolata parçacıkları ekleyin.
d) Bir pasta fırçası kullanarak dairelerin kenarlarını yumurta ile boyayın. Daireleri katlayın ve kapatmak için bastırın. Bir çatal kullanarak kabukların etrafına girintiler yapın. Keskin bir bıçakla buhar için havalandırma delikleri açın.
e) 12 ila 14 dakika veya altın kahverengi olana kadar pişirin. Servis yapmadan önce biraz soğumaya bırakın.
f) Depolama: Oda sıcaklığında hava geçirmez bir kapta 3 güne kadar saklayın.

25. Yabanmersinli El Turtaları

Yapım: 8

İÇİNDEKİLER:
- 1 bardak yaban mersini
- 2½ yemek kaşığı pudra şekeri
- 1 çay kaşığı limon suyu
- 1 tutam tuz
- 320g soğutulmuş pasta kabuğu
- su

TALİMATLAR:
a) Yaban mersini, şekeri, limon suyunu ve tuzu orta boy bir karıştırma kabında birleştirin.
b) Parça kabuklarını açın ve 6-8 ayrı daire kesin.
c) Her dairenin ortasına yaklaşık 1 kaşık dolusu yaban mersini dolgusunu yerleştirin.
ç) Hamurun kenarlarını ıslatın ve yarım ay şekli oluşturacak şekilde dolgunun üzerine katlayın.
d) Parça kabuğunun kenarlarını bir çatalla yavaşça kıvırın. Daha sonra el turtalarının üstüne üç yarık kesin.
e) El turtalarının üzerine yemeklik yağ püskürtün.
f) Bunları SearPlate'in üzerine yerleştirin.
g) Hava Fritöz Fırınını açın ve "Pişirme"yi seçmek için düğmeyi çevirin.
ğ) Zamanlayıcıyı 20 dakika ve sıcaklığı 350 °F olarak seçin.
h) Ünite önceden ısıtıldığını belirten bip sesi çıkardığında fırın kapağını açın ve SearPlate'i fırına yerleştirin.
ı) Servis yapmadan önce iki dakika soğumaya bırakın.

26. Çilekli el pastası

1 porsiyon

İÇİNDEKİLER:
- 1 Çubuk tereyağı
- 1¼ bardak Şeker
- 1 yumurta
- 3 ons Krem peynir
- 2 çay kaşığı Ayran
- 3 su bardağı Çok amaçlı un
- ¼ çay kaşığı Kabartma tozu
- 1 çay kaşığı Kabartma tozu
- ½ çay kaşığı Tuz
- 1 su bardağı çilek konservesi
- 2 su bardağı doğranmış taze çilek
- 1 çay kaşığı Limon suyu
- 2 çay kaşığı Limon kabuğu rendesi

TALİMATLAR:
a) Hamuru hazırlamak için tereyağı ve şekeri elektrikli mikserle krema haline getirin. Yumurtayı ve krem peyniri ekleyip iyice karıştırın.

b) Ayranı ekleyin ve birleştirmek için karıştırın. Unu yavaş yavaş karıştırarak bir hamur elde edin. Kabartma tozu, kabartma tozu ve tuzu ekleyin. İyice karıştırın ve ardından hamuru elinizle yoğurarak bir top oluşturun.

c) Hamuru 1 saat buzdolabında bekletin. Turtaları yapmak için hamuru açın ve altı adet 6 inçlik daire kesin. Çilek konservelerini, taze çilekleri, limon suyunu ve limon kabuğu rendesini birleştirerek dolguyu hazırlayın. Her hamur dairesinin bir tarafına 3 yemek kaşığı dolgu dökün. temiz tarafı üste gelecek şekilde kenarlarına çatalla bastırın.

ç) Altın rengi olana kadar 20 dakika boyunca 375 derecede pişirin.

27. Elmalı kek

Yapılır: 8-10 el turtası

İÇİNDEKİLER:
- 2 fincan çok amaçlı un
- 1 çay kaşığı tuz
- 1 yemek kaşığı şeker
- 3/4 çubuk (3/4 bardak) sebze yağı, küp şeklinde
- 4 ila 8 yemek kaşığı buz gibi soğuk su

DOLGU İÇİN
- 2 büyük pişirme elması, soyulmuş, çekirdeği çıkarılmış ve doğranmış
- 3 yemek kaşığı toz şeker
- 3 yemek kaşığı açık kahverengi şeker
- 1 1/2 çay kaşığı elmalı turta baharatı
- 1 çay kaşığı çok amaçlı un

TOPLAMA İÇİN
- 1 büyük yumurta
- 1 çay kaşığı su
- köpüklü şeker, isteğe bağlı

TALİMATLAR
KABUĞU İÇİN
a) Büyük bir kapta un, tuz ve şekeri birlikte çırpın.
b) Hamur karıştırıcısı veya iki bıçak kullanarak katı yağı un karışımına kesin.
c) Hamur bir arada tutulana kadar yeterli miktarda suyu çatalla karıştırın.
ç) Hamuru top haline getirin ve yuvarlak bir disk şeklinde düzleştirin. Yuvarlanmayı kolaylaştırmak için hamuru plastik ambalajla sarın. 30 dakika veya 2 güne kadar soğutun.
d) Hamur soğuduğunda ve turtaları birleştirmeye hazır olduğunuzda, fırını önceden 400°F'ye ısıtın, bir fırın tepsisine parşömen kağıdı serin ve dolguyu hazırlayın.

DOLGU İÇİN
e) Orta boy bir kapta elmaları şeker, elmalı turta baharatı ve unla birlikte karıştırın.

Turtaları Birleştirin

f) Hamuru buzdolabından çıkarın ve plastik ambalajdan çıkarın.
g) Cömertçe unlanmış bir çalışma yüzeyinde hamuru yaklaşık 1/8 inç kalınlığa kadar yuvarlayın.
ğ) Hamuru daireler halinde kesmek için 5 inçlik yuvarlak bir çerez kesici kullanın. 8-10 daire oluşturmak için hamuru gerektiği gibi yeniden yuvarlayın.
h) Her hamur çemberinin ortasına bir çorba kaşığı dolgu ekleyin ve mümkün olduğunca fazla sıvı bırakın.
ı) Hamur çemberini ikiye katlayın ve parmaklarınızı veya çatalınızı kullanarak kenarları kapatıp kıvırın.
i) El turtalarını hazırlanan fırın tepsisine yerleştirin.
j) Küçük bir kapta yumurtayı ve suyu birlikte çırpın.
k) Keskin bir bıçağın ucunu kullanarak her pastanın üst kısmına 2 küçük yarık kesin.
l) El turtalarının üstlerini yumurta yıkamasıyla hafifçe fırçalamak için bir hamur fırçası kullanın. İstenirse üzerine köpüklü şeker ekleyin.
m) Önceden ısıtılmış fırında 20-25 dakika veya altın rengi kahverengi olana kadar pişirin.
n) El turtalarını soğumaya bırakın. Arzu ederseniz ev yapımı tuzlu karamel sos ile servis yapın.

MEYVELİ BÖREK

28. Anahtar kireç pasta

Yapar: 8-10

İÇİNDEKİLER:
KABUK:
- 2 su bardağı macadamia fıstığı
- 2 bardak ceviz
- 2 tutam tuz
- 2-3 yemek kaşığı hurma ezmesi

DOLGU
- 1 bardak limon suyu
- 1 çay kaşığı yeşil yiyecek (isteğe bağlı)
- 1 bardak avokado-ıslak ölçüm
- 1 ½ su bardağı hindistan cevizi sütü
- 1 bardak agav nektarı
- 3 yemek kaşığı lesitin tuzu ve vanilya
- 1 bardak kokusuz hindistan cevizi yağı

BEZE TOPLAM
- 1 oz. (¼ dolu bardak) ıslatılmış ve yıkanmış Deniz Yosunu
- ½ bardak su
- 2 bardak hindistan cevizi sütü
- ½ bardak hindistan cevizi eti
- ½ bardak ıslatılmış kaju fıstığı
- 6 yemek kaşığı agav
- tatmak için tuz ve vanilya
- 1 ½ yemek kaşığı lesitin
- 1 su bardağı hindistan cevizi yağı (kokusuz)

TALİMATLAR:
KABUK:
a) Tüm malzemeleri mutfak robotuna koyun ve pürüzsüz hale gelinceye kadar püre haline getirin.
b) Pasta tabağına bastırın ve katılaşana kadar buzdolabında saklayın.

DOLGU
c) Taze hindistan cevizi suyunu etiyle karıştırarak hindistan cevizi sütü yapın.

ç) Pürüzsüz olana kadar karıştır.
d) Pasta kabuğuna dökün ve buzdolabında soğumaya bırakın.

BEZE TOPLAM

e) Yosunları arıtılmış suda 30 dakika-3 saat bekletin ve iyice durulayıp süzün.
f) Deniz Yosunu ve suyu en az 30 saniye veya parçalanana kadar karıştırın.
g) Lesitin ve hindistancevizi yağı hariç diğer MALZEMELERİ ekleyin **VE İYİCE KARIŞANA KADAR KARIŞTIRIN.**
ğ) Karıştırırken pürüzsüz ve kremsi bir kıvama gelinceye kadar lesitin ve hindistancevizi yağını ekleyin.
h) Bir kaseye dökün ve koyulaşıncaya ve soğuyuncaya kadar buzdolabında saklayın.

29. Tavada Elmalı Turta

Model: 8 Model: 1 elmalı turta
- ½ bardak tereyağı
- 1 su bardağı esmer şeker
- 5 Granny Smith elması, soyulmuş, ve ince dilimlenmiş
- 3 (9 inç) buzdolabında önceden haddelenmiş pasta kabukları
- 1 su bardağı beyaz şeker, bölünmüş
- 2 çay kaşığı öğütülmüş tarçın, bölünmüş
- ¼ bardak beyaz şeker
- 1 yemek kaşığı tereyağı, küçük parçalar halinde kesilmiş

Talimatlar
a) Fırını 350 derece F'ye (175 derece C) önceden ısıtın.
b) Ağır bir dökme demir tavaya 1/2 bardak tereyağını koyun ve tereyağını fırında eritin. Kaldırmak tavada kızartın ve üzerine esmer şeker serpin; siz bu sırada ısıtmak için fırına dönün hazırlamak elmalar.
c) Tavayı çıkarın ve soğutulmuş 1 turta kabuğunu kahverengi şekerin üzerine yerleştirin. En üstte dilimlenmiş elmaların yarısı ile turta kabuğu.
ç) Elmaları 1/2 su bardağı şeker ve 1 çay kaşığı tarçın; elmaların üzerine ikinci bir turta kabuğu yerleştirin; ikinci kabuğun üstüne kalan elmaları ekleyin ve üzerine 1/2 su bardağı şeker ve 1 çay kaşığı tarçın serpin.
d) Üçüncü kabuğun üstüne; üst kabuğa 1/4 bardak şeker serpin ve 1 ile noktalayın yemek kaşığı tereyağı. Buhar için üst kabuğa 4 yarık kesin.
e) Önceden ısıtılmış fırında elmalar yumuşayana ve kabuk altın rengi kahverengi olana kadar yaklaşık 45 dakika pişirin. Sıcak servis yapın.

30. Yabanmersinli Ravent Turtası

Yapım: 7 Porsiyon

İÇİNDEKİLER:

PASTA DOLGUSU:
- 4 su bardağı doğranmış, taze ravent
- 2 su bardağı taze yaban mersini
- 2 yemek kaşığı eritilmiş tereyağı
- 1-⅓ bardak beyaz şeker
- ⅔ fincan dört

ÜST KIRMA:
- ½ su bardağı (1 çubuk) eritilmiş tereyağı
- 1 su bardağı un
- 1 su bardağı yulaf
- 1 su bardağı preslenmiş esmer şeker
- 1 çay kaşığı tarçın

TALİMATLAR:

PASTA DOLGUSU:

a) 9 inçlik derin tabaklı pasta tepsisinin tabanına sprey püskürtün.
b) Tavayı pasta kabuğuyla hizalayın. Ufalanan bir üst kısım yapıyorsanız, doldurmadan önce kabuğun kenarlarını yivleyin.
c) Pasta dolgusunu eklemeden önce pasta kabuğunun tabanına ¼ bardak unu eşit şekilde dağıtın.
ç) Tüm pasta dolgusu **MALZEMELERİNİ BİRLEŞTİRİN:** ve pasta kabuğuna bastırın.

ÜST KIRMA:

d) Tüm malzemeleri iyice karışana ve ufalanana kadar birleştirin.

PİŞİRME:

e) Pasta dolgusunun üzerine kırıntıları ekleyin ve eşit şekilde dağıtın. Pasta kabuğu üst kısmı kullanılıyorsa, tüm pasta dolgusunun üzerine koyun ve üst pasta kabuğunun kenarlarını, kenarları yivleyerek alt kabuğa doğru bastırın. Pastanın buharlanmasını sağlamak için üst kabukta yarıklar yapın. Üst kabuğa tava spreyi sıkın ve çiğ olarak 5 yemek kaşığı şeker serpin.
f) Folyoyla örtün ve 350 derecede 1 saat pişirin (konveksiyonlu fırın kullanılıyorsa daha az)
g) Servis yapmadan önce pastanın tamamen soğumasını bekleyin.

31. Elmalı turta

Yapım: 7 Porsiyon

İÇİNDEKİLER:

PASTA DOLGUSU:
- 8 Granny Smith Elma, soyulmuş ve dilimlenmiş (elmalar çok büyükse 7 elma)
- 2 yemek kaşığı eritilmiş tereyağı
- ⅔ su bardağı un
- 1 su bardağı beyaz şeker
- 1 çay kaşığı tarçın

ÜST KIRMA:
- ½ su bardağı (1 çubuk) eritilmiş tereyağı
- 1 su bardağı un
- 1 su bardağı yulaf
- 1 su bardağı preslenmiş esmer şeker
- 1 çay kaşığı tarçın

TALİMATLAR:
PASTA DOLGUSU:
a) 9 inçlik derin tabaklı pasta tepsisinin tabanına sprey püskürtün.
b) Tavayı pasta kabuğuyla hizalayın. Ufalanan bir üst kısım yapıyorsanız, doldurmadan önce kabuğun kenarlarını yivleyin.
c) Pasta dolgusunu eklemeden önce pasta kabuğunun tabanına ¼ bardak unu eşit şekilde dağıtın.
ç) Tüm pasta dolgusu **MALZEMELERİNİ BİRLEŞTİRİN:** ve pasta kabuğuna bastırın. Pasta oldukça büyük olacak.

ÜST KIRMA:
d) Tüm malzemeleri iyice karışana ve ufalanana kadar birleştirin.

PİŞİRME:
e) Pasta dolgusunun üzerine kırıntıları ekleyin ve eşit şekilde dağıtın. Pasta kabuğu üst kısmı kullanılıyorsa, tüm pasta dolgusunun üzerine koyun ve üst pasta kabuğunun kenarlarını, kenarları yivleyerek alt kabuğa doğru bastırın.
f) Pastanın buharlanmasını sağlamak için üst kabukta yarıklar yapın. Üst kabuğa tava spreyi sıkın ve çiğ olarak 5 yemek kaşığı şeker serpin.
g) Folyoyla örtün ve 350 derecede 1 saat pişirin (konveksiyonlu fırın kullanılıyorsa daha az)
ğ) Servis yapmadan önce pastanın tamamen soğumasını bekleyin.

32. Glutensiz Kolay Hindistan Cevizli Turta

Yapar: 6-8

İÇİNDEKİLER:
- 1 çay kaşığı vanilya özü
- 2 yumurta
- 1 1/2 bardak süt
- 1/2 bardak Keşiş Meyvesi
- 1/2 su bardağı hindistan cevizi unu
- 1/4 bardak tereyağı
- 1 su bardağı kıyılmış hindistan cevizi

TALİMATLAR:
a) Tüm **MALZEMELERİ BİRLEŞTİRİN:** bir hamur yapmak için.
b) Tart kalıbını yapışmaz spreyle yağlayın ve içini hamurla doldurun.
c) Hava Fritözünde 350 derecede 12 dakika pişirin.

33. Greyfurt turtası

1 (10 İNÇ) PIE YAPAR; 8 İLA 10 ARASI HİZMET VERİR

İÇİNDEKİLER:
- 1 porsiyon pişmemiş Ritz Crunch
- 1 porsiyon Greyfurt Tutku Lor
- 1 porsiyon Şekerli Yoğunlaştırılmış Greyfurt

Talimatlar

a) Fırını 275°F'ye ısıtın.
b) Ritz çıtırını 10 inçlik bir pasta kalıbına bastırın. Parmaklarınızı ve avuç içlerinizi kullanarak, tabanı ve yanları eşit ve tamamen kapladığından emin olarak çıtırı sıkıca bastırın.
c) Kalıbı bir fırın tepsisine koyun ve 20 dakika pişirin. Ritz kabuğu, başladığınız çıtırlığa göre biraz daha altın kahverengi ve biraz daha derin tereyağ kıvamında olmalıdır. Kabuğu tamamen soğutun; plastiğe sarılı kabuk 2 haftaya kadar dondurulabilir.
ç) Bir kaşık veya spatula kullanarak greyfurt püresini Ritz kabuğunun tabanına eşit şekilde yayın. Loru sertleşinceye kadar yaklaşık 30 dakika ayarlamak için pastayı dondurucuya koyun.
d) Bir kaşık veya bir spatula kullanarak, tatlandırılmış yoğunlaştırılmış greyfurtu lorun üzerine yayın, iki katmanı karıştırmamaya dikkat edin ve lorun tamamen kaplandığından emin olun. Dilimleyip servis yapmaya hazır olana kadar dondurucuya geri koyun.

34. Kızılcık turtası

Yapım : 8 Porsiyon

İÇİNDEKİLER:
- 2 turta kabuğu
- 1 paket Jelatin; portakal aroması
- ¾ fincan Kaynayan su
- ½ bardak Portakal suyu
- 1 kutu (8 oz) jöleli kızılcık sosu
- 1 çay kaşığı Rendelenmiş portakal kabuğu
- 1 fincan Soğuk Yarım Buçuk veya süt
- 1 paket Jell-O hazır puding , Fransız vanilyası veya vanilya aroması
- 1 fincan Cool Whip çırpılmış tepesi
- Buzlu kızılcık

TALİMATLAR:
a) Fırını 450°F'ye önceden ısıtın
b) Jelatini kaynatın ve çözün. Portakal suyunu dökün. Kaseyi daha büyük bir buz ve su kabına yerleştirin. Jelatin hafifçe kalınlaşana kadar düzenli olarak karıştırarak 5 dakika bekletin.
c) Kızılcık sosunu ve portakal kabuğunu ekleyin ve birleştirmek için karıştırın. Pasta kabuğunu dolguyla doldurun. Yaklaşık 30 dakika veya ayarlanana kadar soğutun.
ç) boy bir karıştırma kabına yarısını dökün . Pasta doldurma karışımını atın. Tamamen karışana kadar çırpın .
d) 2 dakika veya sos biraz koyulaşana kadar bir kenara koyun. Son olarak çırpılmış tepesini katlayın.
e) Jelatin karışımını yavaşça üstüne yayın. 2 saat veya sertleşinceye kadar soğutun.

35. Şeftali Kırıntı Turtası

8 porsiyon yapar

İÇİNDEKİLER:
- 1 1/4 su bardağı çok amaçlı un
- 1/4 çay kaşığı tuz
- 1/2 çay kaşığı şeker
- 1/2 bardak vegan margarin, küçük parçalar halinde kesilmiş
- 2 yemek kaşığı soğuk su, gerekirse daha fazlası
- olgun şeftaliler, soyulmuş, çekirdekleri çıkarılmış ve dilimlenmiş
- 1 çay kaşığı vegan margarin
- 2 yemek kaşığı şeker
- 1/2 çay kaşığı öğütülmüş tarçın

Süsleme
- ¾ bardak eski moda yulaf
- 1/3 bardak vegan margarin, yumuşatılmış
- 2 yemek kaşığı şeker
- 1 çay kaşığı öğütülmüş tarçın
- 1/4 çay kaşığı tuz

TALİMATLAR:

a) Kabuğu hazırlayın: Büyük bir kapta un, tuz ve şekeri birleştirin. Karışım iri kırıntılara benzeyene kadar margarini kesmek için bir hamur karıştırıcısı veya çatal kullanın. Suyu azar azar ekleyerek hamur toparlanıncaya kadar karıştırın.

b) Hamuru bir diske düzleştirin ve plastik sargıya sarın. Dolguyu hazırlarken 30 dakika buzdolabında saklayın.

c) Fırını önceden 425°F'ye ısıtın. Hamuru hafifçe unlanmış bir çalışma yüzeyinde yaklaşık 10 inç çapında açın. Hamuru 9 inçlik bir pasta tabağına yerleştirin ve kenarlarını düzeltip kıvırın. Şeftali dilimlerini hamurun içine dizin. Margarini üzerine dökün ve üzerine şeker ve tarçın serpin. Bir kenara koyun.

ç) Üzerini hazırlayın: Orta boy bir kapta yulaf, margarin, şeker, tarçın ve tuzu birleştirin. İyice karıştırın ve meyvelerin üzerine serpin.

d) Meyve kabarcıklanıncaya ve kabuk altın kahverengi olana kadar yaklaşık 40 dakika pişirin. Fırından çıkarın ve 15 ila 20 dakika kadar hafifçe soğutun. Sıcak servis yapın.

36. Çilekli Bulut Turtası

8 porsiyon yapar

İÇİNDEKİLER:
KABUK
- 1 1/4 su bardağı çok amaçlı un
- 1/4 çay kaşığı tuz
- 1/2 çay kaşığı şeker
- 1/2 bardak vegan margarin, küçük parçalar halinde kesilmiş
- 3 yemek kaşığı buzlu su

DOLGU
- 1 (12 ons) paket sert ipeksi tofu, süzülmüş ve preslenmiş
- ¾ bardak şeker
- 1 çay kaşığı saf vanilya özü
- 2 su bardağı dilimlenmiş taze çilek
- 1/2 bardak çilek konservesi
- 2 yemek kaşığı suda eritilmiş 1 yemek kaşığı mısır nişastası

TALİMATLAR:
a) Kabuğu hazırlayın: Bir mutfak robotunda unu, tuzu ve şekeri birleştirin ve birleştirmek için nabız atın. Margarini ekleyin ve ufalanana kadar robottan geçirin.

b) Makine çalışırken, suyu akıtın ve yumuşak bir hamur oluşturacak şekilde işleyin. Fazla karıştırmayın. Hamuru bir diske düzleştirin ve plastik sargıya sarın.

c) 30 dakika buzdolabında bekletin. Fırını önceden 400°F'ye ısıtın.

ç) Hamuru hafifçe unlanmış bir çalışma yüzeyinde yaklaşık 10 inç çapında açın. Hamuru 9 inçlik bir pasta tabağına yerleştirin. Kenarları kesin ve yivleyin. Çatal yardımıyla hamurun alt kısmına delikler açın. 10 dakika kadar pişirin, ardından fırından çıkarın ve bir kenara koyun. Fırın sıcaklığını 350°F'a düşürün.

d) Doldurmayı hazırlayın: Bir blender veya mutfak robotunda tofu, şeker ve vanilyayı birleştirin ve pürüzsüz hale gelinceye kadar karıştırın. Hazırlanan kabuğun içine dökün.

e) 30 dakika pişirin. Fırından çıkarın ve 30 dakika soğumaya bırakın.

f) Dilimlenmiş çilekleri pastanın üzerine tüm yüzeyi kaplayacak şekilde dekoratif bir desenle yerleştirin. Bir kenara koyun.
g) Reçelleri bir blender veya mutfak robotunda püre haline getirin ve orta ateşte küçük bir tencereye aktarın. Mısır nişastası karışımını karıştırın ve karışım koyulaşana kadar karıştırmaya devam edin.
ğ) Çilek sosunu pastanın üzerine kaşıkla dökün. Dolguyu soğutmak ve sırın sabitlenmesi için pastayı servis yapmadan en az 1 saat önce soğutun.

37. Pişirmesiz Taze Meyveli Turta

8 porsiyon yapar

İÇİNDEKİLER:
- 1 1/2 bardak vegan yulaf ezmeli kurabiye kırıntısı
- 1/4 bardak vegan margarin
- 1 pound sert tofu, iyi süzülmüş ve preslenmiş (bkz. Tofu)
- ¾ bardak şeker
- 1 çay kaşığı saf vanilya özü
- 1 olgun şeftali, çekirdeği çıkarılmış ve 1/4 inç dilimler halinde kesilmiş
- 2 olgun erik, çekirdeği çıkarılmış ve 1/4 inçlik dilimler halinde kesilmiş
- 1/4 bardak şeftali konservesi
- 1 çay kaşığı taze limon suyu

TALİMATLAR:
a) 9 inçlik bir pasta tabağını yağlayın ve bir kenara koyun. Bir mutfak robotunda kırıntıları ve eritilmiş margarini birleştirin ve kırıntılar nemlenene kadar işleyin.
b) Kırıntı karışımını hazırlanan pasta tabağına bastırın. İhtiyaç duyulana kadar buzdolabında saklayın.
c) Mutfak robotunda tofu, şeker ve vanilyayı birleştirin ve pürüzsüz hale gelinceye kadar işleyin. Tofu karışımını soğutulmuş kabuğun üzerine yayın ve 1 saat buzdolabında bekletin.
ç) Meyveleri tofu karışımının üzerine dekoratif bir şekilde yerleştirin. Bir kenara koyun.
d) Küçük, ısıya dayanıklı bir kapta, reçelleri, limon suyunu ve mikrodalgada eriyene kadar yaklaşık 5 saniye birleştirin. Karıştırın ve meyvelerin üzerine gezdirin.
e) Dolguyu soğutmak ve sırın sabitlenmesi için servis yapmadan önce pastayı en az 1 saat soğutun.

38. Muzlu Mangolu Turta

6 porsiyon yapar

İÇİNDEKİLER:
- 1 1/2 bardak vegan vanilyalı kurabiye kırıntısı
- 1/4 bardak vegan margarin, eritilmiş
- 1 bardak mango suyu
- 1 yemek kaşığı agar gevreği
- 1/4 bardak agav nektarı
- olgun muzlar soyulmuş ve parçalar halinde kesilmiş
- 1 çay kaşığı taze limon suyu
- 1 taze olgun mango, soyulmuş, çekirdeği çıkarılmış ve ince dilimlenmiş

TALİMATLAR:
a) 8 inçlik pasta tabağının altını ve yanlarını yağlayın. Kurabiye kırıntılarını ve eritilmiş margarini pasta tabağının tabanına yerleştirin ve kırıntılar nemlenene kadar bir çatalla karıştırın. Hazırlanan pasta tabağının altına ve yanlarına bastırın. İhtiyaç duyulana kadar buzdolabında saklayın.
b) Meyve suyu ve agar pullarını küçük bir tencerede birleştirin. 10 dakika kadar yumuşamasını bekleyin. Agav nektarını ekleyin ve karışımı kaynatın. Isıyı kaynama noktasına getirin ve eriyene kadar yaklaşık 3 dakika karıştırın.
c) Muzları mutfak robotuna yerleştirin ve pürüzsüz hale gelinceye kadar işleyin. Agar karışımını ve limon suyunu ekleyin ve pürüzsüz ve iyice karışana kadar işlem yapın. Dolguyu hazırlanan kabuğa kazımak için lastik bir spatula kullanın. Soğutmak ve ayarlamak için 2 saat veya daha uzun süre buzdolabında saklayın.
ç) Servis yapmadan hemen önce mango dilimlerini pastanın üzerine daire şeklinde yerleştirin.

39. Çilekli Kremalı Pasta

1 PIE DOLUR

İÇİNDEKİLER:
- 1 tarif Temel Piecrust
- 2 tarif Çırpılmış Kaju Kreması
- 2 su bardağı yarıya bölünmüş çilek
- 2 yemek kaşığı agav şurubu

TALİMATLAR:
a) Çırpılmış kremayı pastanızın üzerine tek ve eşit bir tabaka halinde yayın.
b) Çilek yarımlarını agav şurubuna atın, ardından çilekleri dilimlenmiş tarafı aşağı bakacak şekilde Kremanın üzerine yerleştirin.
c) Buzdolabında 2 veya 3 gün kadar muhafaza edilecektir.

40. Elmalı kremalı pasta

6 porsiyon

İÇİNDEKİLER:
- her biri 1 9 inç pişmemiş pasta kabuğu
- 2 bardak Rendelenmiş elma
- ½ bardak Şeker
- 3 yemek kaşığı Tereyağı
- 1 çorba kaşığı Limon suyu
- 3 adet Yumurtalar, ayrılmış
- ½ çay kaşığı Tarçın
- ½ çay kaşığı küçük hindistan cevizi
- ¼ bardak Şekerleme şekeri
- 1 çay kaşığı Vanilya

TALİMATLAR:
a) Elmaları turta kabuğunun tabanına eşit şekilde yayın. Ayrı bir kapta krema şekeri ve tereyağını limon suyu ve çırpılmış 3 yumurta sarısıyla karıştırın.
b) Elmanın üzerine dökün. Üzerine tarçın ve hindistan cevizi serpin. 350 derecelik fırında 40 ila 45 dakika pişirin. Yumurta aklarını zirveler oluşana kadar çırpın.
c) Yavaş yavaş pudra şekeri ve vanilyayı ekleyip beze sertleşene kadar çırpın. Turtanın üzerine yayın. Fırına geri dönün. Isıyı 325 dereceye düşürün.
d) Beze hafifçe kızarana kadar 5 ila 10 dakika daha pişirin.

41. Cheddar parçalanmış elmalı turta

8 porsiyon

İÇİNDEKİLER:

- her biri 1 9 inç Pişmemiş Pasta Kabuğu
- ½ bardak Ağartılmamış Un
- ⅓ bardak Şeker
- 1½ pound Elma Pişirme;
- 6 ons Kaşar, Rendelenmiş,1 1/2 C
- 4 çay kaşığı Ağartılmamış Un
- ⅓ bardak Esmer şeker; Sıkıca Paketlenmiş
- ½ çay kaşığı Tarçın; Zemin
- ¼ çay kaşığı Küçük hindistan cevizi; Zemin
- 5 yemek kaşığı Tereyağı
- 1 çorba kaşığı Limon suyu; Taze

TALİMATLAR:

a) Çekirdeği, kabuğu ve ince
b) Pasta kabuğunun etrafında yüksek bir kenar yapın. Tüm kuru malzemeleri tepede birleştirin ve tereyağını ufalanana kadar kesin. Bir kenara koyun. Elmaları ve limon suyunu bir araya getirin ve peyniri, unu ve hindistan cevizini ekleyip iyice karıştırın.
c) Elmaları hamurun içine yerleştirin ve üzerine serpin. Önceden ısıtılmış 375 derece F. fırında 40 ila 50 dakika pişirin. Arzu ederseniz vanilyalı dondurma ile sıcak olarak servis yapın.

SEBZELİ BÖREKLER

42. Acıbadem Kurabiyesi Tepeli Ravent

4 porsiyon

İÇİNDEKİLER:
- 4 bardak dilimlenmiş taze veya dondurulmuş ravent (1 inçlik parçalar)
- 1 büyük elma, soyulmuş ve dilimlenmiş
- 1/2 su bardağı paketlenmiş esmer şeker
- 1/2 çay kaşığı öğütülmüş tarçın, bölünmüş
- 1 yemek kaşığı mısır nişastası
- 2 yemek kaşığı soğuk su
- 8 macaroons, ufalanmış
- 1 yemek kaşığı tereyağı, eritilmiş
- 2 yemek kaşığı şeker
- Vanilyalı dondurma, isteğe bağlı

Talimatlar
a) Büyük bir dökme demir veya başka bir fırına dayanıklı tavada ravent, elma, esmer şeker ve 1/4 çay kaşığı tarçını birleştirin; kaynatın. Isıyı azaltın; Kapağını kapatın ve ravent iyice yumuşayana kadar 10-13 dakika pişirin.

b) Mısır nişastasını ve suyu pürüzsüz hale gelinceye kadar birleştirin; Yavaş yavaş meyve karışımına ekleyin. Kaynatın; pişirin ve koyulaşana kadar yaklaşık 2 dakika karıştırın.

c) Küçük bir kapta ufalanmış kurabiyeleri, tereyağını, şekeri ve kalan tarçını birleştirin. Meyveli karışımın üzerine serpin.

ç) Isıdan 4 inç kadar, hafifçe kızarana kadar, 3-5 dakika kızartın. Arzu ederseniz sıcak olarak dondurma ile servis yapın.

43. Madenci Turtası

Yapım: 6 Madenci Turtası

İÇİNDEKİLER:
PİRE İÇİN:
- 5 su bardağı doğranmış kereviz (yarım ay)
- 8 su bardağı doğranmış havuç
- 2 su bardağı doğranmış soğan
- 3 yemek kaşığı doğranmış taze biberiye
- 2 yemek kaşığı kıyılmış sarımsak
- 2 yemek kaşığı kekik
- 2 yemek kaşığı kekik
- 4 bardak sert bira
- 3 su bardağı et suyu
- 10 kilo kıyma

Püreler İçin:
- 1 torba püresi tencere
- 1 çubuk (½ su bardağı) tereyağı
- ¼ bardak ekşi krema
- 1 yemek kaşığı öğütülmüş yaban turpu

TALİMATLAR:
PİRE İÇİN:
a) Büyük bir tencerenin dibini yağla kaplayın.
b) Sarımsak, soğan, havuç, kereviz ve baharatları ekleyin.
c) Şişman ve sığır eti suyunu ekleyin. Kaynatın ve kaynamaya bırakın. Sebzeler hafif yumuşayana kadar pişmeye bırakın.
ç) Sık sık karıştırarak kıymayı ekleyin. Sığır eti iyice pişene kadar kaynamaya bırakın. Tatmak için baharatlayın.

Püreler İçin:
a) Bir tencerede tereyağını eritin. Patates ekleyin.
b) Ekşi krema ve yaban turpu ekleyin.
c) Tamamen ısıtılıncaya ve koyulaşana kadar karıştırın.
ç) 6 kare kaseye pasta dolgusu ekleyin.
d) Üstüne püresi tencere koyun. Saksıları sıkma torbasına koyup üzerine sıkabilirsiniz.

44. Ravent Pastası

Yapım: 7 Porsiyon

İÇİNDEKİLER:

PASTA DOLGUSU:
- 8 Granny Smith Elma, soyulmuş ve dilimlenmiş (elmalar çok büyükse 7 elma)
- 2 yemek kaşığı eritilmiş tereyağı
- ⅔ su bardağı un
- 1 su bardağı beyaz şeker
- 1 çay kaşığı tarçın

ÜST KIRMA:
- ½ su bardağı (1 çubuk) eritilmiş tereyağı
- 1 su bardağı un
- 1 su bardağı yulaf
- 1 su bardağı preslenmiş esmer şeker
- 1 çay kaşığı tarçın

TALİMATLAR:
PASTA DOLGUSU:
a) 9 inçlik derin tabaklı pasta tepsisinin tabanına sprey püskürtün.
b) Tavayı pasta kabuğuyla hizalayın. Ufalanan bir üst kısım yapıyorsanız, doldurmadan önce kabuğun kenarlarını yivleyin.
c) Pasta dolgusunu eklemeden önce pasta kabuğunun tabanına ¼ bardak unu eşit şekilde dağıtın.
ç) Tüm pasta dolgusu **MALZEMELERİNİ BİRLEŞTİRİN:** ve pasta kabuğuna bastırın. Pasta oldukça büyük olacak.

ÜST KIRMA:
d) Tüm malzemeleri iyice karışana ve ufalanana kadar birleştirin.

PİŞİRME:
e) Pasta dolgusunun üzerine kırıntıları ekleyin ve eşit şekilde dağıtın. Pasta kabuğu üst kısmı kullanılıyorsa, tüm pasta dolgusunun üzerine koyun ve üst pasta kabuğunun kenarlarını, kenarları yivleyerek alt kabuğa doğru bastırın.
f) Pastanın buharlanmasını sağlamak için üst kabukta yarıklar yapın. Üst kabuğa tava spreyi sıkın ve çiğ olarak 5 yemek kaşığı şeker serpin.
g) Folyoyla örtün ve 350 derecede 1 saat pişirin (konveksiyonlu fırın kullanılıyorsa daha az)
  a) Servis yapmadan önce pastanın tamamen soğumasını bekleyin.

45. Tatlı patates turtası

Yapım: 2 Tatlı patatesli turta
Toplam Hazırlama/Pişirme Süresi: 1 Saat 5 Dakika

İÇİNDEKİLER:
- 2 adet orta boy tatlı patates
- 1 ¼ bardak şeker
- 1 ½ çubuk tereyağı
- 4-5 yumurta artı 1 yumurta
- 1 ½ yemek kaşığı vanilya özü
- 1 yemek kaşığı limon özü
- 1 çay kaşığı hindistan cevizi
- 1 çay kaşığı tarçın
- 2 Derin Tabak Pasta Kabuğu

TALİMATLAR
a) Tatlı patatesleri, şekeri, tereyağını ve yumurtaları (bir seferde 2 yumurta) 1 dakika çırpın.
b) Vanilya özü, limon özü, hindistan cevizi ve tarçın ekleyin.
c) 3-4 dakika iyice çırpın
ç) Hamuru 2 Deep Dish Pie Crust'a aktarın
d) Patates karışımı kek hamuru gibi görünmeli ve dondurma tadında olmalıdır.
e) 350 derece önceden ısıtılmış fırında 55 ila 60 dakika pişirin.
f) Eğlence!

46. Balkabağı pastası

Yapım : 8 Porsiyon

İÇİNDEKİLER:
- 1 kutu (30 oz.) Balkabaklı Turta Karışımı
- 2/3 bardak Buharlaştırılmış Süt
- 2 büyük yumurta, dövülmüş
- 1 adet pişmemiş 9 inçlik pasta kabuğu

TALİMATLAR:
a) Fırını önceden 425 Fahrenheit dereceye ısıtın.
b) Büyük bir karıştırma kabında kabaklu turta karışımını, buharlaştırılmış sütü ve yumurtaları birleştirin.
c) Dolguyu turta kabuğuna dökün.
ç) Fırında 15 dakika pişirin.
d) Sıcaklığı 350°F'ye yükseltin ve 50 dakika daha pişirin.
e) Tamamen pişip pişmediğini görmek için hafifçe sallayın.
f) Tel raf üzerinde 2 saat soğutun.

47. Güney Tatlı Patates Turtası

10 porsiyon

İÇİNDEKİLER:
- 2 su bardağı soyulmuş, pişmiş tatlı patates
- ¼ su bardağı eritilmiş tereyağı
- 2 yumurta
- 1 su bardağı şeker
- 2 yemek kaşığı burbon
- 1/4 çay kaşığı tuz
- 1/4 çay kaşığı öğütülmüş tarçın
- 1/4 çay kaşığı öğütülmüş zencefil
- 1 bardak süt

TALİMATLAR:
a) Fırını 350 Fahrenheit dereceye kadar önceden ısıtın.
b) Süt hariç tüm MALZEMELERİ **ELEKTRİKLİ** bir karıştırıcıda tamamen birleştirin.
c) Sütü ekleyin ve her şey tamamen karışınca karıştırmaya devam edin.
ç) Dolguyu turta kabuğuna dökün ve 35-45 dakika veya ortasına yakın bir yere batırılan bir bıçak temiz çıkana kadar pişirin.
d) Servis yapmadan önce buzdolabından çıkarın ve oda sıcaklığına soğumasını bekleyin.

48. İtalyan enginarlı turta

Yapım: 8 Porsiyon

Bileşen
- 3 Yumurtalar; Dövülmüş
- 1 3 Oz Paket Frenk Soğanlı Krem Peynir; Yumuşatılmış
- ¾ çay kaşığı Sarımsak tozu
- ¼ çay kaşığı Biber
- 1½ bardak Mozzarella Peyniri, Kısmen Yağsız Süt; rendelenmiş
- 1 fincan Ricotta peyniri
- ½ bardak mayonez
- 1 14 Oz Can Enginar Kalbi; Süzülmüş
- ½ 15 Oz Can Garbanzo Fasulyesi, Konserve; Durulanır ve Süzülür
- 1 2 1/4 Oz Kutu Dilimlenmiş Zeytin; Süzülmüş
- 1 2 Oz Kavanoz Pimientos; Doğranmış ve Süzülmüş
- 2 yemek kaşığı Maydanoz; Kırpıldı
- 1 Pasta Kabuğu (9 İnç); Pişmemiş
- 2 küçük Domates; Dilimlenmiş

TALİMATLAR:
a) Yumurtaları, krem peyniri, sarımsak tozunu ve karabiberi geniş bir karıştırma kabında birleştirin. 1 bardak mozzarella peyniri, ricotta peyniri ve mayonezi bir karıştırma kabında birleştirin.
b) Her şey iyice karışana kadar karıştırın.
c) 2 adet enginar kalbini ikiye bölün ve bir kenara koyun. Geri kalan kalpleri doğrayın.
ç) Peynir karışımını doğranmış kalpler, garbanzo fasulyesi, zeytin, biber ve maydanozla karıştırın. Hamur kabuğunu karışımla doldurun.
d) 350 derecede 30 dakika pişirin. Kalan mozzarella peyniri ve Parmesan peyniri üstüne serpilmelidir.
e) 15 dakika daha veya ayarlanana kadar pişirin.
f) 10 dakika dinlenmeye bırakın.
g) En üste domates dilimlerini ve dörde bölünmüş enginar kalplerini dizin.
ğ) Sert

49. Rustik Kır Evi Pastası

4 ila 6 porsiyon yapar

İÇİNDEKİLER:
- Yukon Altın patates, soyulmuş ve doğranmış
- 2 yemek kaşığı vegan margarin
- 1/4 bardak sade şekersiz soya sütü
- Tuz ve taze çekilmiş karabiber
- 1 yemek kaşığı zeytinyağı
- 1 orta boy sarı soğan, ince doğranmış
- 1 orta boy havuç, ince doğranmış
- 1 kereviz kaburga, ince doğranmış
- 12 ons seitan , ince doğranmış
- 1 su bardağı dondurulmuş bezelye
- 1 su bardağı dondurulmuş mısır taneleri
- 1 çay kaşığı kurutulmuş tuzlu
- 1/2 çay kaşığı kurutulmuş kekik

Talimatlar
a) Kaynayan tuzlu su dolu bir tencerede patatesleri yumuşayana kadar 15 ila 20 dakika pişirin.
b) İyice süzün ve tencereye geri dönün. Tadına göre margarin, soya sütü, tuz ve karabiber ekleyin.
c) Patates eziciyle irice ezin ve bir kenara koyun. Fırını önceden 350°F'ye ısıtın.
ç) Büyük bir tavada yağı orta ateşte ısıtın. Soğanı, havucu ve kerevizi ekleyin.
d) Örtün ve yumuşayana kadar yaklaşık 10 dakika pişirin. Sebzeleri 9 x 13 inçlik bir fırın tepsisine aktarın. Seitan, mantar sosu, bezelye, mısır, tuzlu su ve kekiği karıştırın.
e) Tatlandırmak için tuz ve karabiber ekleyin ve karışımı fırın tepsisine eşit şekilde dağıtın.
f) Üzerine patates püresini fırın tepsisinin kenarlarına kadar yayın. Patatesler kızarıncaya ve dolgu kabarcıklanıncaya kadar yaklaşık 45 dakika pişirin.
g) Derhal servis yapın.

50. Tavuk, Pırasa ve Mantarlı Turta

Yapım: 6

İÇİNDEKİLER:

- 1 miktar kısa hamurlu hamur işi, soğutulmuş
- Hamuru açmak için ekstra glutensiz sade (çok amaçlı) un karışımı
- 250 gr (2½ su bardağı) rezene, doğranmış
- 2 orta boy pırasa, doğranmış
- 240 gr (2 su bardağı) mantar
- 240ml (1 su bardağı) beyaz şarap
- 240 ml (1 su bardağı) süt
- 120 ml (½ bardak) taze krema
- 4 yemek kaşığı mısır unu/mısır nişastası
- 700 gr (1½ lb.) tavuk göğsü
- ½ çay kaşığı taze çekilmiş karabiber
- ¼ çay kaşığı deniz (koşer) tuzu
- 2 çay kaşığı kurutulmuş Provence otları
- 2 çay kaşığı zeytinyağı

TALİMATLAR:

a) Pırasaları dilimleyip yıkayıp iyice süzün. Rezeneyi doğrayın ve mantarları dilimleyin.
b) 1 çay kaşığı zeytinyağını sote tavasında orta ateşte ısıtın ve pırasa ve rezeneyi ekleyin. 5 dakika pişirin.
c) Mantarları ekleyin ve altın rengi olana kadar sotelemeye devam edin. Tavuğu pişirirken bir tabağa / kaseye aktarın. Tavukları ısırık büyüklüğünde parçalar halinde kesin.
ç) Kalan 1 çay kaşığı zeytinyağını sote tavasında orta ateşte ısıtın ve tavuk parçalarını altın rengi oluncaya kadar gruplar halinde pişirin.
d) Pişmiş partileri sotelenmiş sebzelerle aynı kaseye aktarın. Tavuğun tamamı piştikten sonra tavuğu/sebzeleri sote tavasına geri koyun ve beyaz şarabın üzerine dökün.
e) Tuz, karabiber serpin ve kurutulmuş otları ekleyin. Kaynamaya başlayınca kısık ateşte 10 dakika kadar pişirin.

f) Mısır ununu/mısır nişastasını sütte eritin ve sote tavasında çırpın. Sos koyulaşıncaya kadar tavada karıştırmaya devam edin. Ateşten alıp bir kenarda bekletin.
g) Fırını 170C fanlı, 375F, Gas Mark 5'e önceden ısıtın.
ğ) Soğuyan hamurunuzu alıp, iki yağlı kağıt arasında, tart kalıbınızdan biraz daha büyük olacak şekilde açın.
h) Crème Fresh'i tavuk karışımına karıştırın ve tart kalıbına dökün. Halen yağlı kağıt üzerinde olan hamuru ters çevirin ve şimdi üstte kalan kağıdı çıkarın.
ı) Kalan yağlı kağıdı hamuru tart kalıbına aktarmanıza yardımcı olması için kullanın. Kenarları kesin ve iki parmağınızı ve baş parmağınızı kullanarak kıvırın.
i) Kendinizi sanatsal hissediyorsanız, pasta süslemelerini yeniden yuvarlayın ve dekorasyon için 4 yaprak şekli kesin.
j) Hamur işi yapımında kalan yedek yumurta/süt karışımını kullanarak turtanın üstünü fırçalayın, ortasından küçük bir çarpı işareti kesin ve hamur yaprağı şekilleriyle süsleyin.
k) Bunları da yumurta akı ile fırçalayın. Fırın tepsisine yerleştirip fırına verin.
l) Pasta kabuğu altın kahverengi olana ve dolgu sıcak olana kadar 45 dakika pişirin.

51. Biraz Romlu Balkabağı Turtası

8 porsiyon yapar

İÇİNDEKİLER:
Kabuk
- 1¼ su bardağı çok amaçlı un
- ¼ çay kaşığı tuz
- ½ çay kaşığı şeker
- ½ bardak vegan margarin, küçük parçalar halinde kesilmiş
- 3 yemek kaşığı buzlu su, gerekirse daha fazlası

dolgu
- 1 (16 ons) katı balkabağı paketi olabilir
- 1 (12 ons) paket ekstra sert ipeksi tofu, suyu süzülmüş ve kurulanmış
- 1 su bardağı şeker
- 2 yumurta için hazırlanan yumurta değiştirme karışımı (bkz. Vegan Pişirme)
- 1 yemek kaşığı koyu rom
- 1 yemek kaşığı mısır nişastası
- 2 çay kaşığı öğütülmüş tarçın
- ½ çay kaşığı öğütülmüş yenibahar
- ½ çay kaşığı öğütülmüş zencefil
- ½ çay kaşığı öğütülmüş hindistan cevizi

TALİMATLAR:

a) Orta boy bir kapta un, tuz ve şekeri birleştirin. Karışım iri kırıntılara benzeyene kadar margarini kesmek için bir hamur karıştırıcısı veya çatal kullanın. Suyu azar azar ekleyerek hamur toparlanmaya başlayıncaya kadar karıştırın. Hamuru yuvarlak bir diske düzleştirin ve plastik sargıya sarın. Dolguyu hazırlarken 30 dakika buzdolabında saklayın.

b) Bir mutfak robotunda kabak ve tofuyu iyice karışana kadar birleştirin. Şeker, yumurta ikame maddesi, akçaağaç şurubu, rom, mısır nişastası, tarçın, yenibahar, zencefil ve hindistan cevizini ekleyin, pürüzsüz ve iyice birleşene kadar karıştırın.

c) Fırını önceden 400°F'ye ısıtın. Hamuru hafifçe unlanmış bir çalışma yüzeyinde yaklaşık 10 inç çapında açın. Hamuru 9 inçlik bir pasta tabağına yerleştirin ve kenarlarını kesin ve yivleyin.

ç) Dolguyu kabuğun içine dökün. 15 dakika pişirin, ardından fırın sıcaklığını 350°F'ye düşürün ve 30 ila 45 dakika daha veya dolgu pişene kadar pişirin. Tel raf üzerinde oda sıcaklığına soğumaya bırakın, ardından buzdolabında 4 saat veya daha uzun süre soğutun.

52. Yeşil domatesli kek

Yapım: 6 Porsiyon

İÇİNDEKİLER:
Çift kabuklu pasta
½ bardak) şeker
2 çay kaşığı Un
1 Limon; rendelenmiş kabuğu
¼ çay kaşığı öğütülmüş yenibahar
¼ çay kaşığı Tuz
4 su bardağı Yeşil Domates: kabuğunu soyup dilimleyin
1 çay kaşığı Limon suyu
3 çay kaşığı Tereyağı

TALİMATLAR:
a) Bir pasta tepsisini pasta hamuruyla hizalayın. Şeker, un, limon kabuğu, yenibahar ve tuzu birlikte karıştırın.
b) Pasta kabuğunun dibine bundan biraz serpin.
c) Her katmanı şeker karışımı, limon suyu ve her dilimin üzerine bir nokta tereyağı ile kaplarken, domates dilimlerini her seferinde bir katman olacak şekilde düzenleyin.
ç) Pasta kalıbının tepesine ulaşana kadar katmanlamaya devam edin.
d) Kafesli bir üst örtün ve 350°C'de 45 dakika pişirin.

53. Kuşkonmaz turtası

Yapım: 6 Porsiyon

İÇİNDEKİLER:
- 1 paket (8 oz) dondurulmuş kuşkonmaz
- 1 su bardağı Küp jambon; pişmiş
- 1 su bardağı yarım buçuk
- 1 kutu (4 ons) mantar; süzülmüş
- 1 çay kaşığı Tuz
- 3 yumurta; hafifçe dövülmüş
- ⅓ bardak doğranmış soğan (isteğe bağlı)
- 1 Pişmemiş; 9 inçlik pasta kabuğu

TALİMATLAR:
a) Kuşkonmazı haşlayıp iyice süzün. Yarım ve Yarım'ı, soğanları, mantarları ve tuzu tencerede birleştirin. 1 dakika kaynatın. Yumurtalara sıcak karışımdan az miktarda ekleyin ve iyice karıştırın. Karıştırmak için karıştırarak tavadaki karışıma ekleyin.

b) Kabuğun içine süzülmüş kuşkonmaz ve jambonu yerleştirin. Üzerine sıcak karışımı dökün.

c) Biber ve hindistan cevizi yüzeye hafifçe serpilebilir. 400 derecede 15 dakika pişirin; ısıyı 325'e düşürün ve 20-25 dakika daha uzun süre veya turtanın ortasına yerleştirilen bıçak temiz çıkana kadar pişirin.

Fındıklı Turtalar

54. Cevizli Turta

8 porsiyon yapar

İÇİNDEKİLER:
Kabuk
- 1 1/4 su bardağı çok amaçlı un
- 1/4 çay kaşığı tuz
- 1/2 çay kaşığı şeker
- 1/2 bardak vegan margarin, küçük parçalar halinde kesilmiş
- yemek kaşığı buzlu su, artı gerekirse daha fazlası

dolgu
- 2 yemek kaşığı mısır nişastası
- 1 bardak su
- 1 1/4 bardak saf akçaağaç şurubu
- 1/2 çay kaşığı tuz
- 2 yemek kaşığı vegan margarin
- 1 çay kaşığı saf vanilya özü
- 2 bardak tuzsuz ceviz yarımları, kızartılmış

TALİMATLAR:
a) Kabuğu hazırlayın: Büyük bir kapta un, tuz ve şekeri birleştirin. Karışım iri kırıntılara benzeyene kadar margarini kesmek için bir hamur karıştırıcısı veya çatal kullanın. Suyu azar azar ekleyerek hamur toparlanmaya başlayıncaya kadar karıştırın.

b) Hamuru bir diske düzleştirin ve plastik sargıya sarın. Dolguyu hazırlarken 30 dakika buzdolabında saklayın. Fırını önceden 400°F'ye ısıtın.

c) Doldurmayı hazırlayın: Küçük bir kapta mısır nişastasını ve 1/4 bardak suyu birleştirin ve bir kenara koyun. Orta boy bir tencerede kalan ¾ bardak suyu ve akçaağaç şurubunu birleştirin ve yüksek ateşte kaynatın. 5 dakika kaynatın, ardından tuzu ve mısır nişastası karışımını ekleyerek kuvvetlice çırpın. Karışım koyulaşıp berraklaşana kadar karıştırmaya devam edin ve yüksek ateşte pişirin. Ocaktan alıp margarin ve vanilyayı ekleyip karıştırın.

ç) Hamuru hafifçe unlanmış bir çalışma yüzeyinde yaklaşık 10 inç çapında açın. Hamuru 9 inçlik bir pasta tabağına yerleştirin. Hamuru kesin ve kenarlarını yivleyin. Hamurun alt kısmına çatalla delikler açın. Altın rengi olana kadar yaklaşık 10 dakika pişirin, ardından fırından çıkarın ve bir kenara koyun. Fırın sıcaklığını 350°F'a düşürün.

d) Margarin eridikten sonra iç malzemeyi önceden pişirilmiş kalıbın içine dökün. Cevizlerin yarısını iç harcın içine yerleştirin, karışımın içine bastırın ve kalan yarısını da pastanın üstüne yerleştirin. 30 dakika pişirin. Yaklaşık 1 saat boyunca bir rafta soğutun, ardından soğuyuncaya kadar buzdolabında saklayın.

55. Beyaz Çikolatalı Fındıklı Pasta

8 porsiyon yapar

İÇİNDEKİLER:
- 1 1/2 bardak vegan vanilya veya çikolatalı kurabiye kırıntısı
- 1 su bardağı vegan beyaz çikolata parçacıkları veya parçaları
- 1/4 bardak su
- 2 yemek kaşığı Frangelico (fındık likörü)
- 8 ons ekstra sert ipeksi tofu, süzülmüş
- 1/4 bardak agav nektarı
- 1 çay kaşığı saf vanilya özü
- Garnitür için 1/2 bardak ezilmiş kızarmış fındık
- Garnitür için 1/2 bardak taze meyveler

TALİMATLAR:
a) 8 inçlik bir pasta tabağını veya yaylı kalıbı yağlayın ve bir kenara koyun.
b) Bir mutfak robotunda kurabiye kırıntılarını ve margarini birleştirin ve kırıntılar nemlenene kadar çalıştırın.
c) Kırıntı karışımını hazırlanan tavanın tabanına ve yanlarına bastırın. İhtiyaç duyulana kadar buzdolabında saklayın.
ç) Beyaz çikolatayı benmari usulü kısık ateşte sürekli karıştırarak eritin. Bir kenara koyun.
d) Yüksek hızlı bir karıştırıcıda kajuları toz haline getirin. Suyu ve Frangelico'yu ekleyin ve pürüzsüz hale gelinceye kadar karıştırın. Tofuyu, agav nektarını ve vanilyayı ekleyin ve pürüzsüz hale gelinceye kadar karıştırın. Eritilmiş beyaz çikolatayı ekleyin ve krema kıvamına gelinceye kadar işleyin.
e) Karışımı hazırlanan tavaya yayın. İyice soğuyuncaya kadar 3 saat boyunca örtün ve buzdolabında saklayın.
f) Servis yaparken ezilmiş fındık ve taze meyvelerle süsleyin.

56. Glutensiz Kolay Hindistan Cevizli Turta

Toplam Süre: 52 dakika
Yapar: 6-8

İÇİNDEKİLER:
- 2 yumurta
- 1 1/2 bardak süt
- 1/4 bardak tereyağı
- 1 1/2 çay kaşığı. vanilya özü
- 1 su bardağı hindistan cevizi (ben şekerli kullandım)
- 1/2 bardak Keşiş Meyvesi (veya tercih ettiğiniz şeker)
- 1/2 su bardağı hindistan cevizi unu

TALİMATLAR:
a) 6 inçlik bir pasta tabağını yapışmaz spreyle kaplayın ve hamurla doldurun. Yukarıdaki talimatların aynısını izlemeye devam edin.
b) Hava Fritözünde 350 derecede 10 ila 12 dakika pişirin.
c) yarısında pastayı kontrol ederek yanmadığından emin olun, tabağı çevirin, pişip pişmediğini bir kürdan kullanarak kontrol edin.

57. B cevizli yulaf ezmeli turta eksikliği

1 porsiyon

İÇİNDEKİLER:
- 3 Yumurta, hafifçe çırpılmış
- 1 su bardağı esmer şeker, paketlenmiş
- ½ bardak koyu mısır şurubu
- ½ bardak buharlaştırılmış süt
- ½ bardak Hızlı pişirilen yulaf ezmesi
- ½ su bardağı iri kıyılmış siyah ceviz
- ¼ bardak (4 yemek kaşığı) tereyağı, eritilmiş
- 1 çay kaşığı Vanilya
- Tuz
- Tek kabuklu turta için pişmemiş hamur işi

TALİMATLAR:
a) Büyük karıştırma kabında yumurtaları, şekeri, şurubu, sütü, yulafı, fındıkları, tereyağını, vanilyayı ve ⅛ çay kaşığı tuzu iyice karıştırarak birleştirin.
b) 9 inçlik pasta tabağını hamur işi, süs ve oluk kenarı ile hizalayın. Plakayı fırın rafına yerleştirin ve dolguyu dökün. Aşırı kızarmayı önlemek için pastanın kenarını folyo ile koruyun. 25 dakika boyunca 350F'de pişirin. Folyoyu çıkarın.
c) Yaklaşık 25 dakika daha veya üst kısmı koyu altın rengi kahverengi ve hafif kabarık oluncaya kadar pişirin.
ç) Doldurma biraz yumuşak olacak, ancak soğudukça sertleşecektir.
d) Tamamen soğutun.

58. Meşe palamudu turtası

1 porsiyon

İÇİNDEKİLER:
- 3 Yumurta akı, sertçe dövülmüş
- 1 çay kaşığı Kabartma tozu
- 1 su bardağı Şeker
- 1 çay kaşığı Vanilya
- 20 sodalı kraker
- (coarsley kırık)
- ½ bardak Ceviz, doğranmış

TALİMATLAR:
a) Yumurta akını katılaşana kadar çırpın; kabartma tozunu ekleyip biraz daha çırpın.
b) Şeker ve vanilyayı ekleyin; tekrar dövün.
c) Krakerleri ve cevizleri katlayın. Tereyağlı pasta tabağına koyun ve 300 derecede 30 dakika pişirin.
ç) Soğumaya bırakın ve üzerine Cool Whip ve doğranmış cevizleri ekleyin.

59. Bademli acıbadem kurabiyesi kirazlı turta

yapar: 6 porsiyon

İÇİNDEKİLER:
- Her biri 1 adet Pasta kabuğu, 9 inç, pişmemiş
- 21 ons Kirazlı turta dolgusu
- ½ çay kaşığı Tarçın
- 1 bardak Hindistan Cevizi
- ½ bardak badem, dilimlenmiş
- ¼ bardak Şeker
- ⅛ çay kaşığı Tuz (isteğe bağlı)
- ⅛ çay kaşığı Tuz (isteğe bağlı)
- 1 çay kaşığı Limon suyu
- ¼ bardak Süt
- 1 yemek kaşığı Tereyağı, eritilmiş
- ¼ çay kaşığı Badem özü
- Her biri 1 Yumurta, dövülmüş

TALİMATLAR:
a) Fırını 400F'ye önceden ısıtın. Pasta hamurunu açın ve 9 inçlik pasta tepsisine yerleştirin. Büyük kapta pasta dolgusunu, tarçını, tuzu ve limon suyunu birleştirin. Hafifçe karıştırın. Kabuk kaplı tart kalıbına kaşıkla dökün.
b) 20 dakika pişirin.
c) Bu arada, tüm üst malzemeleri orta kabın içinde birleştirin ve harmanlanana kadar karıştırın. 20 dakika sonra pastayı fırından çıkarın, üstünü yüzeye eşit şekilde yayın ve pastayı fırına geri koyun.
ç) 15 ila 30 dakika daha veya kabuk ve tepesi altın rengi kahverengi olana kadar pişirin.

60. Amaretto çikolatalı pasta

yapar: 8 porsiyon

İÇİNDEKİLER:
- 3 yumurta
- ¾ bardak Şurup, koyu mısır
- ½ bardak) şeker
- ¼ bardak Amaretto
- 2 yemek kaşığı Tereyağı; erimiş
- ½ çay kaşığı Tuz
- ½ fincan Çikolata parçaları, yarı tatlı
- ½ bardak badem, dilimlenmiş
- 1 Pasta kabuğu; pişmemiş
- Krem şanti veya dondurma

TALİMATLAR:
a) Fırını 350 dereceye kadar önceden ısıtın. Büyük karıştırma kabında yumurtaları karışana kadar çırpın. Mısır şurubu, şeker, amaretto, tereyağı ve tuzu karıştırın. Çikolata parçacıklarını ve bademleri ekleyin.
b) Pişmemiş pasta kabuğuna dökün.
c) Orta ile turta kenarı arasına yerleştirilen bıçak temiz çıkana kadar 50 ila 60 dakika pişirin. Tamamen soğutun.
ç) Krem şanti veya dondurma ile servis yapın.

61. S nickers bar pastası

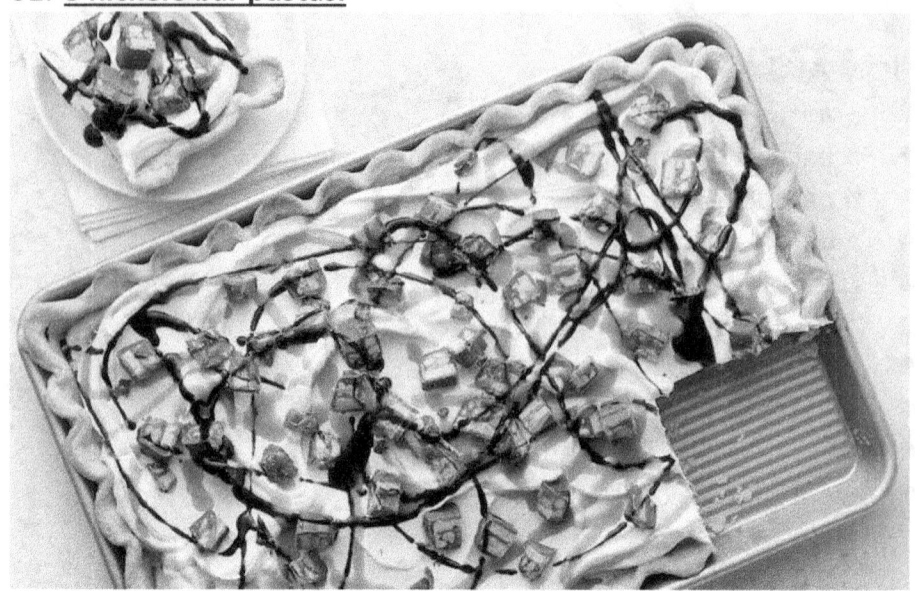

Yapım: 1 Porsiyon

İÇİNDEKİLER:
- 1 (10 inç) pasta kabuğu, pişmiş
- 4 su bardağı Süt
- 1 su bardağı Soğuk Kırbaç
- 2 (3 3/4 oz.) kutu hazır Vanilyalı Puding
- 3 (3 3/4 oz.) kutu hazır Çikolatalı Puding
- 3 Snickers çubuğu, 1/2 inçlik parçalar halinde kesilmiş
- Garnitür için Soğuk Kırbaç ve fıstık

TALİMATLAR:
a) 1½ su bardağı süt, vanilyalı puding ve ½ su bardağı Cool Whip'i birleştirin.
b) Çok pürüzsüz olana kadar çırpın. Şeker çubuğu parçalarını katlayın.
c) Pişmiş pasta kabuğuna yayıldı.
ç) Kalan sütü, Cool Whip'i ve çikolatalı pudingi birleştirin.
d) Pürüzsüz olana kadar çırpın.
e) Vanilya tabakasının üzerine yayın. Garnitür.
f) Buzdolabına koyun.

62. Kirazlı fındıklı çıtır pasta

Yapım: 1 Turta

İÇİNDEKİLER:
- ½ paket (10 oz.) pasta kabuğu karışımı
- ¼ su bardağı paketlenmiş açık kahverengi şeker
- ¾ bardak Kavrulmuş Oregon fındığı, doğranmış
- 1 ons Yarı tatlı çikolata rendelenmiş
- 4 çay kaşığı Su
- 1 çay kaşığı Vanilya
- 8 ons Kırmızı maraschino kirazı
- 2 çay kaşığı Mısır Nişastası
- ¼ bardak Su
- 1 çizgi Tuz
- 1 yemek kaşığı Kirsch (isteğe bağlı)
- 1 litre Vanilyalı dondurma

TALİMATLAR:
a) (½ paket) pasta kabuğu karışımını şeker, fındık ve çikolata ile bir hamur karıştırıcısı kullanarak birleştirin. Suyu vanilyayla karıştırın. Kırıntı karışımının üzerine serpin ve iyice karışana kadar karıştırın.

b) İyi yağlanmış 9 inçlik bir pasta tabağına çevirin; Karışımı tabana ve yana doğru sıkıca bastırın. 375 derecelik fırında 15 dakika pişirin.

c) Rafta soğutun. Örtün ve birkaç saat veya gece boyunca bekletin. Kirazları boşaltın, şurubu saklayın. Kirazları irice doğrayın.

ç) Şurubu mısır nişastası, ¼ bardak su ve tuzla tencerede karıştırın; kiraz ekleyin. Şeffaflaşana kadar kısık ateşte pişirin. Isıdan çıkarın ve iyice soğutun.

d) Kirsch'ü ekleyin ve soğutun. Pasta kabuğunun içine kaşıkla dondurma koyun.

e) Pastanın üzerine kiraz sosunu dökün ve hemen servis yapın.

OTLU VE ÇİÇEKLİ BÖREKLER

63. Çikolatalı Nane Espresso Pastası

6 ila 8 porsiyon yapar

İÇİNDEKİLER:
- 2 bardak vegan çikolatalı kurabiye veya nane aromalı çikolatalı sandviç kurabiye
- 1 (12 ons) paket vegan yarı tatlı çikolata parçacıkları
- 1 (12,3 ons) paket sert ipeksi tofu, süzülmüş ve ufalanmış
- 2 yemek kaşığı saf akçaağaç şurubu veya agav nektarı
- 2 yemek kaşığı sade veya vanilyalı soya sütü
- 2 yemek kaşığı krema de menthe
- 2 çay kaşığı hazır espresso tozu

TALİMATLAR:
a) Fırını önceden 350°F'ye ısıtın. 8 inçlik bir pasta tabağını hafifçe yağlayın ve bir kenara koyun.

b) Sandviç kurabiyeleri kullanıyorsanız, krema dolgusunu ayrı bir kapta saklayarak bunları dikkatlice ayırın. Kurabiyeleri mutfak robotunda incecik çekin. Vegan margarini ekleyin ve iyice birleşene kadar nabız atın.

c) Kırıntı karışımını hazırlanan tavanın tabanına bastırın. 5 dakika pişirin. Sandviç kurabiye kullanıyorsanız, kabuk hala sıcakken, ayrılmış krema dolgusunu kabuğun üzerine yayın. 5 dakika kadar soğumaya bırakın.

ç) Çikolata parçacıklarını benmari usulü veya mikrodalgada eritin. Bir kenara koyun.

d) Bir blender veya mutfak robotunda tofu, akçaağaç şurubu, soya sütü, krema ve espresso tozunu birleştirin. Pürüzsüz olana kadar işlem yapın

e) Eritilmiş çikolatayı tofu karışımına tamamen karışana kadar karıştırın. Doldurmayı hazırlanan kabuğun içine yayın. Servis yapmadan önce en az 3 saat buzdolabında bekletin.

64. Biberiye, Sosis ve Peynirli Turtalar

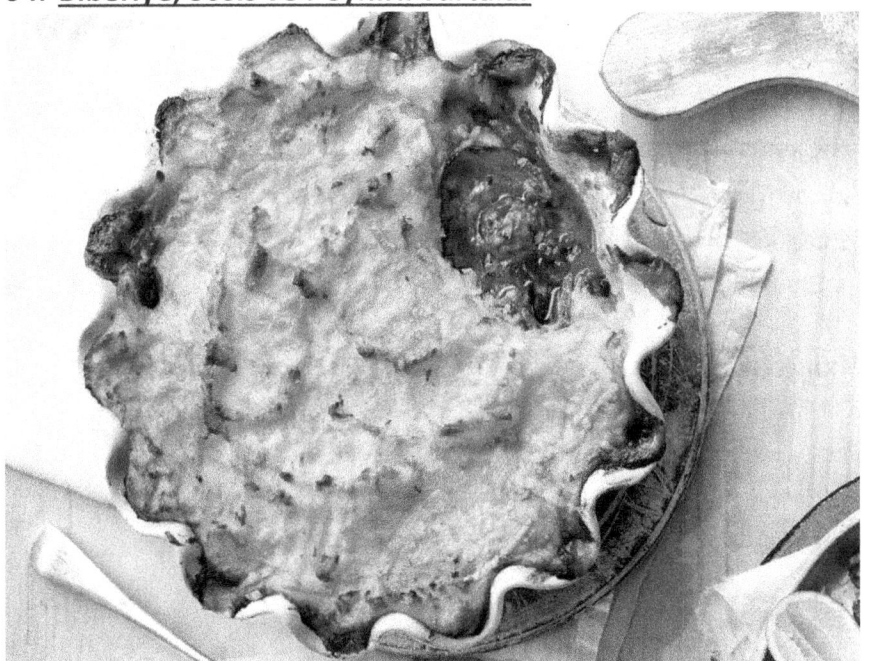

Yapar: 2

İÇİNDEKİLER:
- ¾ su bardağı kaşar peyniri, rendelenmiş
- ¼ bardak hindistan cevizi yağı
- 5 yumurta sarısı
- ½ çay kaşığı biberiye
- ¼ çay kaşığı kabartma tozu
- 1 ½ tavuk sosisi
- ¼ bardak hindistan cevizi unu
- 2 yemek kaşığı hindistan cevizi sütü
- 2 çay kaşığı limon suyu
- ¼ çay kaşığı acı biber
- 1/8 çay kaşığı koşer tuzu

TALİMATLAR:
a) Fırını 350 F'ye ayarlayın.
b) Sosisleri doğrayın, tavayı ısıtın ve sosisleri pişirin. Sosisler pişerken tüm kuru malzemeleri bir kasede birleştirin. Başka bir kapta limon suyu, yağ ve hindistancevizi sütünü birleştirin. Kuru karışıma sıvıları ekleyin ve ½ bardak peynir ekleyin; birleştirmek için katlayın ve 2 ramekine koyun.
c) Pişmiş sosisleri hamura ekleyin ve bir kaşık kullanarak karışıma itin.
ç) Üstü altın rengi oluncaya kadar 25 dakika pişirin. Kalan peyniri üstüne ekleyin ve 4 dakika kızartın.
d) Sıcak servis yapın.

65. Limonlu pansy pastası

yapar: 8 porsiyon

İÇİNDEKİLER:
- Pasta Hamur
- 2 yumurta
- 3 Yumurta sarısı
- ¾ bardak Şeker
- ½ bardak Limon suyu
- 1 yemek kaşığı rendelenmiş limon kabuğu
- 1 bardak ağır krema
- 1 paket Aromasız jelatin
- ¼ bardak Su
- Kristalize menekşeler

TALİMATLAR:

a) 1 litrelik bir tencerede tel çırpıcıyla yumurtaları, yumurta sarısını, şekeri, limon suyunu ve kabuğunu birlikte çırpın.
b) Karışım koyulaşıp kaşığı kaplayana kadar tahta bir kaşıkla sürekli karıştırarak kısık ateşte yaklaşık 10 dakika pişirin.
c) Süzün ve bir kenara koyun.
ç) Hamur işi soğuduğunda fırını 400'F'ye ısıtın. 2 yaprak unlu mumlu kağıt arasında, hamur işini 11 inçlik bir yuvarlak haline getirin. Üstteki kağıdı çıkarın ve hamuru 9 inçlik bir pasta tabağına ters çevirin, fazlalığın kenardan taşmasına izin verin.
d) Kalan mumlu kağıt yaprağını çıkarın. Fazla hamurları tabağın kenarıyla aynı hizada olacak şekilde altına katlayın.
e) Büzülmeyi önlemek için, hamurun altını ve yanlarını bir çatalla delin. Hamur işlerini alüminyum folyo ile kaplayın ve pişmemiş kuru fasulye veya tart ağırlıkları ile doldurun.
f) Hamur kabuğunu 15 dakika pişirin, fasulyeli folyoyu çıkarın ve 10 ila 12 dakika daha uzun süre veya kabuk altın rengi oluncaya kadar pişirin. Kabuğu tamamen tel ızgara üzerinde soğutun.
g) Hamur işi kabuğu soğuduğunda, kremayı yumuşak zirveler oluşana kadar çırpın ve bir kenara koyun.
ğ) Bir tavada jelatin ve suyu birleştirin ve kısık ateşte jelatin eriyene kadar karıştırarak ısıtın.
h) Jelatin karışımını soğutulmuş limon karışımına karıştırın. Çırpılmış kremayı karıştırılana kadar limon karışımına katlayın. Limonlu krema dolgusunu bir hamur işi kabuğuna yayın ve 2 saat veya sertleşene kadar buzdolabında saklayın.
ı) Servis yapmadan önce, istenirse pastanın kenarına ve ortasına hercai menekşeleri yerleştirin.

ETLİ VE TAVUKLU BÖREK

66. Yumurtalı kahvaltı börekleri

Yapım: 4

İÇİNDEKİLER:
- 250 gram hazır haddelenmiş puf böreği
- 4 serbest gezinen yumurta
- 2 adet dilimlenmiş mantar
- 6-8 dilim çizgili pastırma
- Kiraz Domates
- Taze kekik
- Kurutulmuş füme biber gevreği
- Seçeceğiniz H ve dolu gram peynir

Talimatlar

a) Öncelikle fırınınızı 180°C civarına gelene kadar soğumaya bırakın.
b) Milföy hamurunuzu dört kareye kesin ve yüksek ısıda pişirme için pişirme kağıdıyla kaplı bir fırın tepsisine yerleştirin.
c) 10 dakika kadar veya hamur işi kabarıp altın kahverengiye dönene kadar pişirin.
ç) Pastırmanızı kızartın . Pastırma pişmeye başladıktan sonra mantarları ve bir miktar zeytinyağını ekleyin.
d) Turtaları odun ateşindeki fırından çıkardıktan sonra, kenarları hafifçe kaldıracak şekilde her birinin ortasına bastırın.
f) Pastırma ve mantarları üstüne koyun, ardından bol miktarda peynir serpin. Cesur hissediyorsanız yanlara birkaç kiraz domates ekleyin.
g) Odun yanan fırınınızda her tartın ortasına birer yumurta kırın ve 10-15 dakika daha pişirin.
g) Yumurtalar bittiğinde tavadan çıkarın ve lezzetli kahvaltı lezzetlerinin tadını çıkarın!

67. Peynirli ve Sosisli Turtalar

Yapar: 2

İÇİNDEKİLER:
- 1 ½ adet tavuk sosisi
- ½ çay kaşığı biberiye
- ¼ çay kaşığı kabartma tozu
- ¼ bardak hindistan cevizi unu
- ¼ çay kaşığı acı biber
- 1/8 çay kaşığı tuz
- 5 yumurta sarısı
- 2 çay kaşığı limon suyu
- ¼ bardak hindistan cevizi yağı
- 2 yemek kaşığı hindistan cevizi sütü
- ¾ kaşar peyniri, rendelenmiş

TALİMATLAR:
a) Fırını 350 F'ye ayarlayın.
b) Sosisleri doğrayın, tavayı ısıtın ve sosisleri pişirin. Sosisler pişerken tüm kuru malzemeleri bir kasede birleştirin. Başka bir kapta yumurta sarısını, limon suyunu, yağı ve hindistancevizi sütünü birleştirin. Kuru karışıma sıvıları ekleyin ve ½ bardak peynir ekleyin; birleştirmek için katlayın ve 2 ramekine koyun.
c) Pişmiş sosisleri hamura ekleyin ve bir kaşık kullanarak karışıma itin.
ç) Üstü altın rengi oluncaya kadar 25 dakika pişirin. Kalan peyniri üstüne ekleyin ve 4 dakika kızartın.
d) Sıcak servis yapın.

68. Biberiye, Tavuk Sosisli Turtalar

Yapar: 2

İÇİNDEKİLER:
- ¾ su bardağı kaşar peyniri, rendelenmiş
- ¼ bardak hindistan cevizi yağı
- 5 yumurta sarısı
- ½ çay kaşığı biberiye
- 1/4 çay kaşığı kabartma tozu
- 1 ½ tavuk sosisi
- ¼ bardak hindistan cevizi unu
- 2 yemek kaşığı hindistan cevizi sütü
- 2 çay kaşığı limon suyu
- 1 çay kaşığı acı biber
- 1/8 çay kaşığı koşer tuzu

TALİMATLAR:
a) Fırını 350 F'ye ayarlayın.
b) Sosisleri doğrayın, tavayı ısıtın ve sosisleri pişirin. Sosisler pişerken tüm kuru malzemeleri bir kasede birleştirin. Başka bir kapta limon suyu, yağ ve hindistancevizi sütünü birleştirin. Kuru karışıma sıvıları ekleyin ve ½ bardak peynir ekleyin; birleştirmek için katlayın ve 2 ramekine koyun.
c) Pişmiş sosisleri hamura ekleyin ve bir kaşık kullanarak karışıma itin.
ç) Üstü altın rengi oluncaya kadar 25 dakika pişirin. Kalan peyniri üstüne ekleyin ve 4 dakika kızartın.
d) Sıcak servis yapın.

69. Tavuklu Turta

Yapar: 5

İÇİNDEKİLER:
- ½ lb. kemiksiz tavuk butları küçük parçalar halinde kesilmiş
- 3,5 ons pastırma, doğranmış
- 1 havuç, doğranmış
- ¼ bardak maydanoz, doğranmış
- 1 bardak ağır krema
- 2 soğan pırasa, doğranmış
- 1 bardak beyaz şarap
- 1 yemek kaşığı zeytinyağı
- Tatmak için biber ve tuz

KABUĞU İÇİN
- 1 su bardağı badem yemeği
- 2 yemek kaşığı su
- 1 yemek kaşığı stevia
- 1½ yemek kaşığı tereyağı
- ½ çay kaşığı tuz

TALİMATLAR:
a) malzemeleri birleştirerek hamuru hazırlayın. Bir kenara koyun.
b) Zeytinyağını bir tavada orta-yüksek ateşte ısıtın. Doğranmış pırasaları ekleyip karıştırın. Bir tabağa aktarın.
c) Tavuk etini ve pastırmayı ekleyip rengi dönene kadar pişirin ve pırasayı ekleyin.
ç) Havuçları ekleyip beyaz şarabı dökün ve ardından ısıyı orta seviyeye düşürün.
d) Maydanozu ekleyin ve ağır kremayı iyice karıştırarak dökün. Bir pişirme kabına aktarın.
e) Hazırlanan kabukla örtün ve kabuk altın rengi kahverengi ve gevrek oluncaya kadar pişirmek için fırına koyun.
f) Servis yapmadan önce 20 dakika dinlenmeye bırakın.

70. Geyik turtası

1 porsiyon

İÇİNDEKİLER:
- 1½ pound Geyik bifteği, küp şeklinde 1/2 c. un
- 1 orta boy soğan, doğranmış
- 1 diş kıyılmış sarımsak
- 3 yemek kaşığı Sıvı yağ
- 2 bardak Su
- 2 yemek kaşığı Worcestershire sosu
- 1 çay kaşığı Mercanköşk
- 1 çay kaşığı Kekik
- 1 çay kaşığı Kereviz tohumu
- 1 çay kaşığı Tuz
- ½ çay kaşığı Biber
- 1 Defne yaprağı
- Doğranmış patates ve havuç
- Dondurulmuş bezelye veya yeşil fasulye
- Turta kabuğu

TALİMATLAR:
a) Küp şeklinde bifteği plastik bir torba içinde, her seferinde birkaç küp olacak şekilde unla birlikte sallayın.

b) Moose kahverengi olana kadar geyik eti, soğan ve sarımsakları ısıtılmış yağda kahverengileştirin. Su, otlar, Worcestershire sosu, tuz ve biber ekleyin.

c) Kaynatın, ısıyı azaltın, 1½ saat pişirin. Patatesleri ve havuçları ekleyin, yaklaşık 30 ila 45 dakika daha pişirin. Bezelye ekleyin. Pasta tepsisine dökün. Pasta kabuğuyla örtün, kenarı yivli, üstte yarıklar kesin.

ç) 15 ila 20 dakika veya kabuk güzelce kızarıncaya kadar pişirin.

TAHIL VE MAKARNA BÖREKLERİ

71. Pek Bayat Olmayan Tamale Pastası

Yapım: 8

İÇİNDEKİLER:
- 2 çay kaşığı bitkisel yağ veya gerektiği gibi
- 1 küçük soğan, doğranmış
- 1 ½ pound kıyma
- 1 (15 ons) barbunya fasulyesi konservesi, durulanmış ve süzülmüş
- 1 (15 ons) kutu siyah fasulye, durulanmış ve süzülmüş
- ½ bardak rendelenmiş Meksika peyniri karışımı
- 1 (14 ons) yeşil biberli doğranmış domates
- 2 (8,5 ons) paket mısır ekmeği karışımı
- ⅔ bardak süt
- 2 büyük yumurta

Talimatlar
a) Fırını 400 derece F'ye (200 derece C) önceden ısıtın.
b) Yağı bir dökme demir tavada orta-yüksek ateşte ısıtın; Soğanı hafifçe kızarana kadar 5 ila 10 dakika soteleyin. Kıyma ekleyin; Sığır eti kızarıncaya kadar pişirin ve karıştırın ufalanan, 5 ila 10 dakika. Pinto fasulyesini ve siyah fasulyeyi sığır eti karışımına karıştırın.
c) Meksika peyniri karışımını dana-fasulye karışımının üzerine serpin; karıştırmak. Doğranmış domatesleri karıştırın yeşil biberleri dana-fasulye karışımına ekleyin.
ç) Mısır ekmeği karışımını, sütü ve yumurtaları bir kasede hamur pürüzsüz hale gelinceye kadar karıştırın. Yaymak Sığır-fasulye karışımının üzerine meyilli.
d) Önceden ısıtılmış fırında mısır ekmeğinin ortasına kürdan batırılana kadar pişirin. 15-20 dakikada temiz çıkıyor.

72. S pagetti köfteli turta

Yapar: 4-6

İÇİNDEKİLER:
- 1 - 26 oz. bir torba sığır eti köfte
- 1/4 bardak doğranmış yeşil biber
- 1/2 su bardağı doğranmış soğan
- 1 - 8 oz. paket spagetti
- 2 yumurta, hafifçe dövülmüş
- 1/2 su bardağı rendelenmiş parmesan peyniri
- 1-1/4 bardak rendelenmiş mozzarella peyniri
- 26 oz. kavanoz tıknaz spagetti sosu

TALİMATLAR:
a) Fırını 375°F'ye önceden ısıtın. Biberleri ve soğanları yumuşayana kadar yaklaşık 10 dakika soteleyin. Bir kenara koyun.
b) Spagettiyi haşlayın, süzün, soğuk suyla durulayın ve kurulayın. Büyük bir karıştırma kabına yerleştirin.
c) Yumurtaları ve Parmesan peynirini ekleyin ve birleştirmek için karıştırın. Karışımı püskürtülmüş 9 inçlik pasta tabağının tabanına bastırın. Üstüne 3/4 bardak rendelenmiş mozzarella peyniri ekleyin. Dondurulmuş köfteleri mikrodalgada 2 dakika çözdürün.
ç) Her köfteyi ikiye bölün. Köfte yarımlarını peynir karışımının üzerine katlayın. Spagetti sosunu pişmiş biber ve soğanla birleştirin.
d) Köfte tabakasının üzerine kaşıkla dökün. Folyo ile gevşek bir şekilde örtün ve 20 dakika pişirin.
e) Fırından çıkarın ve spagetti sos karışımının üzerine 1/2 bardak mozzarella peyniri serpin.
f) Kabarcıklar oluşana kadar 10 dakika daha kapağı açık pişirmeye devam edin. takozlar halinde kesin ve servis yapın.

73. Susamlı Ispanaklı Erişte Turtası

4 porsiyon yapar

- ¾ su bardağı tahin (susam ezmesi)
- 3 diş sarımsak, iri kıyılmış
- 3 yemek kaşığı yumuşak beyaz miso ezmesi
- 3 yemek kaşığı taze limon suyu
- 1/4 çay kaşığı öğütülmüş kırmızı biber
- 1 bardak su
- 8 ons linguine, üçe bölünmüş
- 9 ons taze bebek ıspanak
- 1 yemek kaşığı kızarmış susam yağı
- 2 yemek kaşığı susam

TALİMATLAR:

a) Fırını önceden 350°F'ye ısıtın. Bir mutfak robotunda tahini, sarımsağı, misoyu, limon suyunu, kırmızı biberi ve suyu birleştirin ve pürüzsüz hale gelinceye kadar işleyin. Bir kenara koyun.

b) Linguini büyük bir tencerede kaynayan tuzlu suda ara sıra karıştırarak al dente olana kadar yaklaşık 10 dakika pişirin. Ispanağı ekleyin, solana kadar yaklaşık 1 dakika karıştırın.

c) İyice süzün ve ardından tencereye geri dönün. Yağı ve tahin sosunu ekleyin ve iyice karıştırın.

ç) Karışımı 9 inç derinliğinde bir pasta tabağına veya yuvarlak fırın tepsisine aktarın. Susam serpin ve sıcak olana kadar yaklaşık 20 dakika pişirin. Derhal servis yapın.

74. İtalyan spagetti pastası

yapar: 4 porsiyon

İÇİNDEKİLER:
- 6 ons Spagetti
- 2 yemek kaşığı Tereyağı veya margarin
- ⅓ bardak rendelenmiş parmesan peyniri
- 2 İyi çırpılmış yumurta
- 1 su bardağı Süzme peynir
- 1 pound Kıyma veya toplu domuz sosisi
- ½ su bardağı doğranmış soğan
- ¼ bardak doğranmış yeşil biber
- 1 (8 oz.) kutu domates, ezilmiş
- 1 (6 oz.) kutu domates salçası
- 1 çay kaşığı Şeker
- 1 çay kaşığı Kurutulmuş kekik, ezilmiş
- ½ çay kaşığı Sarımsak tuzu
- ½ su bardağı rendelenmiş mozzarella peyniri

TALİMATLAR:
a) Spagettiyi pişirin ve süzün; sıcak spagettiye tereyağı veya margarini karıştırın. Parmesan peyniri ve yumurtaları karıştırın. Tereyağlı 10 inçlik bir pasta tabağında spagetti karışımını bir kabuk haline getirin.

b) Süzme peynirini spagetti kabuğunun tabanına yayın. Kıymayı, soğanı ve yeşil biberi tavada sebzeler yumuşayana ve etler kahverengileşene kadar pişirin.

c) Fazla yağı boşaltın. Süzülmemiş domatesleri, salçayı, şekeri, kekik ve tuzu ilave edip karıştırın. İyice ısıtın. Et karışımını kabuk haline getirin.

ç) 350 derecelik fırında 20 dakika boyunca ağzı açık pişirin. Mozarella peynirini serpin. 5 dakika veya peynir eriyene kadar pişirin.

75. Mısır turtası

Yapım: 8 Porsiyon

İÇİNDEKİLER:
- ½ bardak Margarin veya diğer katı yağlar
- 1 çay kaşığı Vanilya
- 1 bardak Süt veya süt yerine
- 3 Yumurta veya 1 tam yumurta ve 3 yumurta akı
- 1 su bardağı Un
- 1 çay kaşığı Kabartma tozu
- 1 çizgi Tuz (isteğe bağlı)
- 2 kutu (16 oz) kremalı mısır

TALİMATLAR:
a) Mısır hariç tüm malzemeleri ekleyip iyice karıştırın.
b) Mısırı ekleyin, karıştırın.
c) Sertleşene kadar 350 derecede yaklaşık bir saat pişirin.

BAHARATLI BÖRTLER

76. Eski Moda Karamelli Pasta

Şunu yapar: 1 - 9 inçlik pasta

İÇİNDEKİLER:
- 1 (9 inç) pasta kabuğu, pişmiş
- 1 su bardağı beyaz şeker
- ⅓ bardak çok amaçlı un
- ⅛ çay kaşığı tuz
- 2 bardak süt
- 4 büyük yumurta sarısı, çırpılmış yumurta sarısı
- 1 su bardağı beyaz şeker

Talimatlar

a) Orta boy bir tencerede 1 su bardağı şekeri, unu, tuzu, sütü ve yumurta sarısını pürüzsüz hale gelinceye kadar karıştırın. Orta ateşte sürekli karıştırarak kalın ve kabarcıklı hale gelinceye kadar pişirin. Isıdan çıkarın ve bir kenara koyun.

b) Kalan 1 bardak şekeri 10 inçlik dökme demir tavaya serpin. Orta ateşte sürekli karıştırarak şeker karamelize olana kadar pişirin.

c) Ateşten alın ve ılık krema karışımına dikkatlice dökün. Pürüzsüz olana kadar karıştırın. Karışımı hamurun içine dökün. Tamamen soğutun ve krem şanti ile servis yapın

77. Tarçınlı-Şekerli Elmalı Turta

Yapar: 10

İÇİNDEKİLER:
- 2-1/2 su bardağı çok amaçlı un
- 1/2 çay kaşığı tuz
- 1-1/4 bardak soğuk domuz yağı
- 6 ila 8 yemek kaşığı soğuk %2 süt

DOLGU:
- 2-1/2 su bardağı şeker
- 1 çay kaşığı öğütülmüş tarçın
- 1/2 çay kaşığı öğütülmüş zencefil
- 9 su bardağı ince dilimlenmiş soyulmuş tart elma (yaklaşık 9 orta boy)
- 1 yemek kaşığı burbon, isteğe bağlı
- 2 yemek kaşığı çok amaçlı un
- Tutam tuz
- 3 yemek kaşığı soğuk tereyağı, küp şeklinde
- 1 yemek kaşığı %2 süt
- 2 çay kaşığı kaba şeker

Talimatlar

a) Büyük bir kapta un ve tuzu karıştırın; domuz yağını ufalanana kadar kesin. Hamur bastırıldığında bir arada tutulana kadar çatalla karıştırarak yavaş yavaş süt ekleyin. Hamuru ikiye bölün. Her birini bir disk haline getirin; plastiğe sarın. 1 saat veya gece boyunca buzdolabında bekletin.

b) Doldurmak için büyük bir kapta şekeri, tarçını ve zencefili karıştırın. Elmaları ekleyin ve kaplayın. Kapak; Elmaların suyunu salması için ara sıra karıştırarak 1 saat bekletin.

c) Şurubu saklayarak elmaları boşaltın. Şurubu ve istenirse burbonu küçük bir tencereye koyun; kaynatın. Isıyı azaltın; üstü açık olarak 20-25 dakika veya karışım hafifçe koyulaşıp orta amber rengine dönene kadar pişirin. Ateşten alın; tamamen soğutun.

ç) Fırını 400°'ye önceden ısıtın. Süzülmüş elmaları un ve tuzla karıştırın. Hafifçe unlanmış bir yüzeyde, hamurun yarısını 1/8 inç kalınlığında bir daireye yuvarlayın; 10 inç'e aktarın. dökme demir veya başka bir derin, fırına dayanıklı tava. Hamur işlerini kenarlı olacak şekilde kesin. Elma karışımını ekleyin. Soğutulmuş şurubu üstüne dökün; tereyağı ile nokta.

d) Kalan hamuru 1/8 inç kalınlığında bir daireye yuvarlayın. Doldurmanın üzerine yerleştirin. Kırp, mühürle ve flüt kenarı. Üst kısımda yarıklar kesin. Hamurun üzerine süt sürün; kaba şeker serpin. Folyo kaplı bir fırın tepsisine yerleştirin. 20 dakika pişirin.

e) Fırın ayarını 350°'ye düşürün. 45-55 dakika daha uzun süre veya kabuk altın rengi kahverengi olana ve dolgu kabarcıklı hale gelinceye kadar pişirin. Tel raf üzerinde soğutun.

78. Kirli Tavada Tuzlu Karamelli Elmalı Turta

Yapım: 7 Porsiyon

İÇİNDEKİLER:

PIE KABUK (2 KABUK YAPAR):
- 2 ½ bardak Çok Amaçlı Un
- 1 çay kaşığı Koşer Tuzu
- 1 yemek kaşığı toz şeker
- ½ pound soğuk tuzsuz tereyağı
- 1 su bardağı soğuk su
- ¼ bardak elma sirkesi

KARAMEL (2 BÖREYE YETER):
- 1 su bardağı toz şeker
- ¼ fincan tuzsuz tereyağı
- ½ bardak ağır krem şanti
- ½ çay kaşığı deniz tuzu

ELMALI TURTA DOLGU (1 PİDE İÇİN YETERLİ):
- 3 pound Granny Smith Elmaları
- 1 yemek kaşığı toz şeker
- Gerektiği kadar limon suyu (yaklaşık ¼ bardak)
- 2-3 dilim Angostura Bitters
- ⅓ bardak çiğ şeker
- ¼ çay kaşığı öğütülmüş tarçın
- ¼ çay kaşığı öğütülmüş yenibahar
- Bir tutam taze rendelenmiş hindistan cevizi
- ¼ çay kaşığı Koşer tuzu
- 2 yemek kaşığı Çok Amaçlı Un
- 2 yemek kaşığı mısır nişastası
- 1 yumurta (yumurta yıkamak için)
- Bitirmek için ham şeker

TALİMATLAR:
PIE KABUK İÇİN:
a) Bir kapta un, tuz ve şekeri karıştırın.
b) Soğuk tereyağını un karışımına rendelemek için peynir rendesi kullanın.
c) Ayrı olarak küçük bir kapta su ve sirkeyi birleştirin. Serin tut.

ç) Ellerinizi birleştirmek için kullanarak, birleşene kadar un karışımına yavaş yavaş 2 yemek kaşığı su/sirke karışımı ekleyin. Bazı
d) kuru parçalar kalabilir; tamamdır.
e) Hamuru 2 parçaya ayırın ve her parçayı ayrı ayrı streç filmle sarın. En az bir saat veya gece boyunca soğuması için buzdolabına koyun.
f) Soğutulmuş pasta hamurunun bir bölümünü hafifçe unlanmış bir yüzeye ayrı ayrı açın (her bölüm bir kabuktur).
g) Rulo kabuğunu 9 inçlik yağlanmış bir pasta tepsisine yerleştirin.

KARAMEL İÇİN:

ğ) Bir tencerede şekeri kısık ateşte eritin. Yanmasına izin VERMEYİN.
h) Şeker eridikten sonra ocaktan alın. Tereyağını çırpın.
ı) Ağır krem şanti ve deniz tuzunu karıştırın.
i) Soğumaya bırakın.

ELMALI TURTA DOLGUSU İÇİN:

j) Elmaları soyun, çekirdeklerini çıkarın ve doğrayın. 8 litrelik konteynere yerleştirin. Her parçayı limon suyu ve 1 yemek kaşığı toz şekerle karıştırın.
k) Elmaları bitter, çiğ şeker, öğütülmüş tarçın, yenibahar, hindistan cevizi, koşer tuzu, çok amaçlı un ve mısır nişastası serpin.
l) İyice karıştırın.
m) Elmaları hafifçe ortasına yerleştirerek, hazırladığınız pasta kabuğunun içine elmaları sıkıca katlayın.
n) ¾ bardak soğumuş karamel sosunu elmaların üzerine eşit şekilde dökün.
o) Kalan pasta kabuğu hamurunu pastanın üst kabuğu olarak açın; İstenirse bir kafes oluşturun. İki pasta kabuğunun kenarlarını birbirine kıvırın.
ö) Pastayı pişirmeden önce 10-15 dakika soğutun.
p) 400 derecede 20 dakika pişirin; 375 derecede 30 dakika daha pişirin. Pişirirken bir kenarı kararırsa pastayı mutlaka çevirin.
r) Servis yapmadan önce 2-3 saat soğumaya bırakın. 7 dilime kesin.

79. Eggnog parfe turtaları

Yapım: 6 Porsiyon

İÇİNDEKİLER:
- 1 paket limon aromalı jelatin
- 1 su bardağı sıcak su
- 1 litre Vanilyalı dondurma
- ¼ çay kaşığı Hindistan cevizi
- ¾ çay kaşığı Rum aroması
- 2 İyi çırpılmış yumurta sarısı
- 2 Sert dövülmüş yumurta akı
- 4 ila 6 pişmiş hamur işi tart kabukları
- Krem şanti şeker dekorları

TALİMATLAR:
a) Jelatini sıcak suda eritin.
b) Dondurmayı 6 parçaya bölün, jelatine ekleyin ve eriyene kadar karıştırın. Kısmen ayarlanana kadar soğutun.
c) Küçük hindistan cevizi ve aroma ekleyin.
ç) Yumurta sarılarını çırpın, beyazlarını da katın.
d) Soğumuş tart kalıplarına dökün ve soğuyana kadar soğutun.
e) Üstüne çırpılmış krema sürün ve şeker dekorlarını serpin.

80. Kabak Baharatlı Tiramisu Turtası

Yapar: Bir adet 9 inçlik pasta

İÇİNDEKİLER:
- 1 ½ bardak ağır krema
- 2 büyük yumurta, ayrılmış
- ⅓ bardak artı 1 yemek kaşığı şeker
- 1 su bardağı mascarpone, oda sıcaklığında
- ½ su bardağı konserve kabak püresi
- 1 ½ çay kaşığı balkabağı turtası baharatı
- 1 ½ bardak oda sıcaklığında demlenmiş espresso
- 5,3 onsluk kedi dili paketi
- Tıraş için acı tatlı veya yarı tatlı çikolata

TALİMATLAR:
a) Çırpma aparatı takılı bir stand mikserin kasesinde, kremayı sert zirveler oluşana kadar orta-yüksek hızda çırpın; küçük bir kaseye aktarın ve soğutun.
b) Temizlenmiş çırpma aparatı takılı stand mikserinin temizlenmiş kasesinde, yumurta aklarını yüksek hızda yumuşak zirveler oluşana kadar çırpın. 1 yemek kaşığı şeker ekleyin ve sert zirveler oluşuncaya kadar çırpın; küçük bir kaseye aktarın.
c) Temizlenmiş çırpma aparatı takılı stand mikserinin temizlenmiş kasesinde, yumurta sarılarını ve kalan ⅓ bardak şekeri yüksek hızda koyulaşıp soluk sarı olana kadar çırpın. Mascarpone, kabak püresi, balkabağı turtası baharatı ve çırpılmış kremanın üçte birini yumurta sarısı karışımına yavaşça katlayın. Çırpılmış yumurta aklarını yavaşça katlayın ve soğutun.
ç) Espressoyu sığ bir tabağa koyun. Kedi parmaklarının her iki tarafını da espressoya batırın ve 9 inçlik bir pasta tabağına tabanı tamamen hizalayacak şekilde yerleştirin. Balkabağı karışımının yarısını, biraz daha espressoya batırılmış kedi dillerini ve kalan balkabağı karışımını üstüne ekleyin. Pastanın üzerini kalan krem şanti ve çikolata parçacıklarıyla süsleyin. Servis yapmaya hazır olana kadar 8 saat veya bir geceye kadar buzdolabında saklayın.

81. Tarçınlı çörek pasta

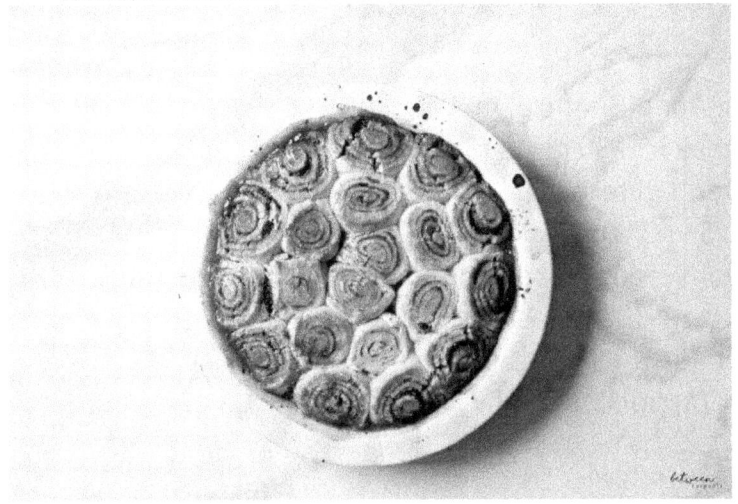

1 (10 İNÇ) PIE YAPAR; 8 İLA 10 ARASI HİZMET VERİR

İÇİNDEKİLER:
- ½ porsiyon Anne Hamuru, mayalanmış
- Tozunu almak için 30 gr un [3 yemek kaşığı]
- 80 gr kahverengi tereyağı [¼ bardak]
- 1 porsiyon Sıvı Cheesecake
- 60 g açık kahverengi şeker [¼ bardak sıkıca paketlenmiş]
- 1 gr koşer tuzu [¼ çay kaşığı]
- 2 gr öğütülmüş tarçın [1 çay kaşığı]
- 1 porsiyon Tarçınlı Streusel

Talimatlar
a) Fırını 350°F'ye ısıtın.
b) Mayalanan hamuru bastırıp düzleştirin.
c) Bir tutam un alın ve tezgahı hafifçe kaplamak için sanki suyun üzerinde bir kayayı atlıyormuş gibi pürüzsüz, kuru bir tezgahın yüzeyine atın. Bir tutam daha un alıp oklavayı hafifçe tozlayın. Delikli hamur çemberini düzleştirmek için oklavayı kullanın, ardından hamuru oklavayla açın veya sanki sıfırdan pizza yapıyormuş gibi hamuru elle uzatın. Nihai hedefiniz yaklaşık 11 inç çapında büyük bir daire oluşturmaktır. Referans için 10 inçlik pasta kalıbınızı yakınınızda tutun. 11 inçlik hamur turu ¼ ila ½ inç kalınlığında olmalıdır.
ç) Hamuru tart kalıbına yavaşça yerleştirin. Hamuru sıkıca yerine bastırmak için parmaklarınızı ve avuç içlerinizi kullanın. Pasta kalıbını bir fırın tepsisine koyun.
d) Kahverengi tereyağının yarısını hamurun üzerine eşit bir tabaka halinde yaymak için kaşığın arkasını kullanın.
e) Sıvı cheesecake'in yarısını kahverengi tereyağının üzerine eşit bir tabaka halinde yaymak için başka bir kaşığın arkasını kullanın (kremsi beyaz cheesecake katmanınızda kahverengi tereyağı istemezsiniz!). Kalan kahverengi tereyağını sıvı cheesecake'in üzerine eşit bir tabaka halinde yayın.

f) Kahverengi şekeri kahverengi tereyağının üzerine dağıtın. Yerinde kalmasına yardımcı olmak için elinizin tersiyle bastırın. Daha sonra tuz ve tarçını eşit şekilde serpin.
g) Şimdi en zorlu katmana geçiyoruz: kalan sıvı cheesecake. Serin kalın ve mümkün olan en eşit katmanı elde etmek için mümkün olduğunca nazikçe yayın.
ğ) Streusel'i cheesecake katmanının üzerine eşit şekilde serpin. Streusel'i sabitlemek için elinizin arkasını kullanın.
h) Pastayı 40 dakika pişirin. Kabuk şişip kahverengileşecek, sıvı cheesecake sertleşecek ve Streusel malzemesi çıtır çıtır ve kahverengileşecek. 40 dakika sonra tavayı hafifçe sallayın. Pastanın ortası hafifçe sallanmalıdır. Doldurma pasta kalıbının dış sınırlarına doğru ayarlanmalıdır. Dolgunun bir kısmı aşağıdaki tepsiye dökülürse endişelenmeyin; bunu daha sonra atıştırmalık olarak düşünün. Gerekirse, pasta yukarıdaki açıklamaya uygun olana kadar 5 dakika daha pişirin.
ı) Pastayı tel ızgara üzerinde soğutun. Saklamak için pastayı tamamen soğutun ve plastik ambalajla iyice sarın. Buzdolabında pasta 3 gün boyunca taze kalacaktır (kabuk çabuk bayatlar); Dondurucuda 1 ay kadar dayanır.
i) Pastayı servis etmeye hazır olduğunuzda, en iyisinin sıcak servis olduğunu bilin! Her dilimi dilimleyin ve yüksek sıcaklıkta 30 saniye boyunca mikrodalgaya koyun veya tüm pastayı 250°F sıcaklıktaki fırında 10 ila 20 dakika ısıtın, ardından dilimleyin ve servis yapın.

82. Yulaflı tarçınlı dondurma

Yaklaşık 1 litre yapar

İÇİNDEKİLER:
- Boş Dondurma Tabanı
- 1 su bardağı yulaf
- 1 yemek kaşığı öğütülmüş tarçın

TALİMATLAR:
a) Boş tabanı talimatlara göre hazırlayın.
b) Orta ateşte küçük bir tavada yulaf ve tarçını birleştirin. Düzenli olarak karıştırarak 10 dakika veya kahverengileşip aromatik hale gelinceye kadar kızartın.
c) Demlemek için, ocaktan çıktıktan sonra kavrulmuş tarçın ve yulafı tabana ekleyin ve yaklaşık 30 dakika demlenmeye bırakın. Bir kasenin üzerine yerleştirilmiş bir süzgeç kullanarak; Mümkün olduğu kadar aromalı kremayı aldığınızdan emin olmak için katıları süzün ve bastırın. Biraz yulaf ezmesi çıkabilir ama sorun değil; çok lezzetli! Yulaf ezmesi tarifi için yulaf ezmesi katılarını ayırın!
ç) Emilim nedeniyle karışımın bir kısmını kaybedeceksiniz, bu nedenle bu dondurmanın Markası normalden biraz daha az olacaktır.

d) Karışımı bir gece buzdolabında bekletin. Dondurmayı yapmaya hazır olduğunuzda, pürüzsüz ve kremsi bir kıvama gelinceye kadar tekrar bir blender ile karıştırın.
e) Bir dondurma makinesine dökün ve üreticinin talimatlarına göre dondurun. Hava geçirmez bir kapta saklayın ve gece boyunca dondurun.

83. Amaretto hindistan cevizli turta

Şunu yapar: 1 - 9 inçlik pasta

İÇİNDEKİLER:
- ¼ bardak Tereyağı; veya margarin, yumuşak
- 1 su bardağı Şeker
- 2 adet büyük yumurta
- ¾ bardak Süt
- ¼ bardak Amaretto
- ¼ bardak Kendiliğinden kabaran un
- ⅔ su bardağı Hindistan cevizi

TALİMATLAR:
a) Tereyağı ve şekeri orta derecede çırpın. hafif ve kabarık olana kadar elektrikli karıştırıcının hızı. Yumurta ekleyin; iyi dövün.
b) İyice çırparak süt, amaretto ve unu ekleyin.
c) Hindistan cevizini karıştırın. Karışımı hafifçe yağlanmış 9 inçlik bir pasta plakasına dökün.
ç) 350°C'de 35 dakika pişirin. veya ayarlanana kadar. Tel raf üzerinde tamamen soğutun.

84. Amish kremalı pasta

1 porsiyon

İÇİNDEKİLER:
- ⅓ bardak Şeker
- 2 çay kaşığı Un
- ½ çay kaşığı Tuz
- 3 Yumurtalar
- 3 bardak Süt
- ¼ çay kaşığı küçük hindistan cevizi
- 1 9 inç pişmemiş pasta kabuğu

TALİMATLAR:
a) Şeker, un, tuz ve yumurtaları birleştirin ve pürüzsüz hale gelinceye kadar karıştırın. Sütü kaynama noktasına kadar ısıtın.
b) Yumurta karışımına 1 su bardağı sıcak süt ekleyin. Bunu kalan sıcak sütün içine dökün.
c) Pişmemiş pasta kabuğuna dökün. Üzerine hindistan cevizi serpin. 350 derece F'de 45-60 dakika pişirin.

HAVALI TURTA

85. Tiramisu Whoopie Pies

yapar: 6 porsiyon

İÇİNDEKİLER:
KURABİYE:
- 2 su bardağı badem unu
- 3 yemek kaşığı aromasız peynir altı suyu proteini
- ½ bardak Keşiş Meyvesi Granül Tatlandırıcı
- 2 çay kaşığı kabartma tozu
- ½ çay kaşığı karbonat
- ½ çay kaşığı tuz
- ½ su bardağı tereyağı küçük küpler halinde kesilmiş
- ½ fincan düşük karbonhidratlı şeker yerine veya ½ fincan favori düşük karbonhidratlı tatlandırıcıdan
- 2 büyük yumurta
- 1 çay kaşığı vanilya özü
- ½ bardak tam yağlı ekşi krema
- toz almak için kakao tozu

DOLGU:
- ¼ fincan soğuk espresso kahve veya sert kahve
- 1 yemek kaşığı koyu rom (isteğe bağlı veya seçtiğiniz likörle birlikte)
- 8 ons mascarpone peyniri
- 2 yemek kaşığı düşük karbonhidratlı şeker yerine
- bir tutam tuz
- ½ bardak ağır krema
- 2 çay kaşığı vanilya özü
- 2 çay kaşığı koyu rom (isteğe bağlı veya seçtiğiniz likörle birlikte)

TALİMATLAR:
a) Fırını 350 ° F'ye önceden ısıtın. Whoopie tart kalıbına yapışmaz sprey püskürtün.

b) Badem unu, protein tozu, esmer şeker tatlandırıcısı, kabartma tozu, karbonat ve tuzu bir kapta karıştırın. Bir kenara koyun.

c) Tereyağı ve şekeri mikserle orta-yüksek hızda krema kıvamına gelinceye kadar çırpın; yaklaşık 2 dakika. Yumurtaları ve 1 çay kaşığı vanilyayı ekleyip birleşene kadar çırpın. Kasenin kenarlarını kazıyın. Ekşi krema ekleyin, ardından karışımı kurutun.

ç) Küçük bir çay kaşığı kullanarak hamuru her bir boğmaca turta kalıbına dökün ve alanın yaklaşık ⅔'ünü doldurun. Küçük bir süzgecin içine bir miktar kakao tozu koyun ve her hamur kepçesinin üzerine bir miktar kakao tozu serpin.

d) Kenarları altın rengi olana kadar yaklaşık 10-12 dakika pişirin.

e) Yaklaşık 10 dakika tel ızgara üzerinde soğuttuktan sonra kurabiyeleri kalıptan çıkarın ve soğumaya bırakın.

f) Soğuduktan sonra kurabiyeleri rafta ters çevirin.

g) Espresso ve 3 yemek kaşığı koyu romu küçük bir kasede karıştırın. Her kurabiyenin alt kısmına yaklaşık ¼ çay kaşığı espresso sıvısı sürün.

ğ) Mascarpone peyniri, düşük karbonhidratlı şeker ikamesi, tuz, ağır kremalı vanilya ve 1 T. koyu romu bir karıştırıcıyla pürüzsüz hale gelinceye kadar çırpın. Kurabiyelerin çikolatalı yarısının üzerine mascarpone peyniri karışımından bir miktar kaşıkla dökün. Kurabiyelerin diğer yarısını üstüne yerleştirin.

h) Hemen servis yapın veya buzdolabına koyun.

86. Pekmezli boğmaca pastası

Yapım: 1 Porsiyon

İÇİNDEKİLER:

- 2 yumurta
- 2 su bardağı esmer şeker
- 1 su bardağı pekmez
- 1 su bardağı Margarin
- 1½ bardak Tatlı süt
- 4 çay kaşığı Kabartma tozu
- ½ çay kaşığı Zencefil
- ½ çay kaşığı Tarçın
- ½ çay kaşığı Karanfil
- 5 su bardağı Un
- 2 Yumurta beyazı
- 2 çay kaşığı Vanilya
- 4 yemek kaşığı Un
- 2 yemek kaşığı Süt
- 1½ bardak Bitkisel yağ
- 1 pound 10 x şeker

TALİMATLAR:

a) Krema yağı, şeker ve yumurta. Pekmez, süt ve kuru malzemeleri ekleyin.
b) Fırın tepsisine kaşıkla dökün. 350 8-10 dakika pişirin. YAPILIŞI: Yumurta aklarını sertleşinceye kadar çırpın.
c) Vanilya, un ve sütü ekleyin. İyice çırpın ve yağ ve şekeri ekleyin.
ç) Kurabiye soğuyunca iç harcı ikiye bölüp birleştirin.

87. Yulaf ezmeli boğmaca pastası

Yapım: 1 Porsiyon

İÇİNDEKİLER:
- 2 su bardağı esmer şeker
- ¾ bardak Kısaltma
- 2 yumurta
- ½ çay kaşığı Tuz
- 1 çay kaşığı Tarçın
- 1 çay kaşığı Kabartma tozu
- 1 çay kaşığı Kabartma tozu
- 3 yemek kaşığı kaynar su
- 2½ su bardağı Un
- 2 su bardağı Yulaf Ezmesi
- 2 Yumurta akı, dövülmüş
- 2 çay kaşığı Vanilya
- 4 yemek kaşığı Un
- 2 yemek kaşığı 10X şeker
- 4 yemek kaşığı Süt
- 1½ fincan Crisco katı yağ
- 4 su bardağı 10X şeker

TALİMATLAR:

a) Esmer şekeri ve yağı kremalayın. Yumurtaları ekleyip çırpın. Tuz, tarçın ve kabartma tozunu ekleyin. Kabartma tozunu kaynar suda eritip karışıma ekleyin. Un ve yulaf ezmesini ekleyin. Yağlanmış kurabiye kağıdına kaşıkla dökün ve 350 derecede 8 ila 10 dakika pişirin. Tamamen soğutun.

b) Aşağıdaki dolguyu kullanarak doldurun. Sandviç kurabiyeleri yapın. Yumurta aklarını çırpın, vanilya, 4 yemek kaşığı un, 2 yemek kaşığı 10X şeker ve sütü ekleyin.

c) Kısaltma ekleyin ve iyice çırpın. 4 su bardağı 10X şekeri ekleyip tekrar çırpın.

ç) Sandviç yapmak.

POT-PIES

88. Mantarlı ve dana etli börek

Yapım: 4 Porsiyon

İÇİNDEKİLER:
- 1 pound Dana eti pilavı
- 3 yemek kaşığı Çok amaçlı un
- ¼ çay kaşığı Tuz
- ½ çay kaşığı Biber
- 1 yemek kaşığı Bitkisel yağ
- 1 Soğan, doğranmış
- 1 diş sarımsak, kıyılmış
- 2 Havuç, doğranmış
- 3 su bardağı dilimlenmiş mantar
- ½ çay kaşığı Kurutulmuş adaçayı
- 2 su bardağı et suyu
- 2 yemek kaşığı Kuru vermut [optl]
- 1 yemek kaşığı Domates salçası
- 1 çay kaşığı Worcestershire sosu
- 1 su bardağı Dondurulmuş bezelye
- 1¼ bardak Çok amaçlı un
- 1 yemek kaşığı taze maydanoz, doğranmış
- 2 çay kaşığı kabartma tozu
- ¾ çay kaşığı Kabartma tozu
- tutam Tuz
- tutam Biber
- 3 yemek kaşığı Tereyağı, soğuk
- ¾ bardak sade az yağlı yoğurt

TALİMATLAR:
a) Dana eti kesin; ısırık büyüklüğünde parçalar halinde kesin. Plastik torbada unu tuz ve karabiberin yarısıyla birleştirin. Gerekirse dana etini gruplar halinde un karışımına atın.

b) Büyük, derin yapışmaz tavada yağın yarısını orta-yüksek ateşte ısıtın; eti gruplar halinde kızartın, gerektiği kadar kalan yağı ekleyin. Plakaya aktarın; bir kenara koyun.

c) Soğan, sarımsak, havuç, mantar, adaçayı ve 1 yemek kaşığı suyu tavada karıştırın; yaklaşık 7 dakika veya altın rengi ve nem buharlaşana kadar karıştırarak pişirin.
ç) ⅔ bardak su, et suyu, vermut, domates salçası, Worcestershire, kalan biber ve ayrılmış eti karıştırın. kaynatın; ısıyı azaltın ve kapağı kapalı olarak ara sıra karıştırarak 1 saat pişirin.
d) Ortaya çıkarmak; Yaklaşık 15 dakika veya et yumuşayana ve sos koyulaşana kadar pişirin. Bezelyeyi karıştırın; soğumaya bırakın. 8 inç kare pişirme kabına dökün.
e) Hafif Bisküvi Üzeri: Büyük bir kapta un, maydanoz, kabartma tozu, karbonat, tuz ve karabiberi karıştırın; Karışım iri kırıntılara benzeyene kadar tereyağını kesin. Yoğurtun tamamını bir kerede ekleyin; Yumuşak, hafif yapışkan bir hamur elde etmek için çatalla karıştırın.
f) Hafifçe unlanmış yüzeyde hamuru 8 kez veya pürüzsüz hale gelinceye kadar yavaşça yoğurun.
g) Hamuru yavaşça 8 inçlik kareye dökün. 16 eşit kareye kesin. Dana eti karışımını 4 sıra halinde üzerine yerleştirin.
ğ) 450F 230C sıcaklıktaki fırında 25-30 dakika veya kabarcıklar oluşana, kabuk altın rengi olana ve hafifçe kaldırıldığında bisküviler pişene kadar pişirin.
h) Sotelenmiş kabak ile servis yapın.

89. Kaşarlı tavuklu börek

Yapım: 6 Porsiyon

İÇİNDEKİLER:
KABUK
- 1 bardak Az yağlı pişirme karışımı
- ¼ bardak Su

DOLGU
- 1½ su bardağı tavuk suyu
- 2 su bardağı soyulmuş ve soyulmuş patates
- küp şeklinde
- 1 bardak havuç, dilimlenmiş
- ½ bardak kereviz, dilimlenmiş
- ½ bardak soğan, doğranmış
- ½ bardak dolmalık biber, doğranmış
- ¼ bardak ağartılmamış un
- 1½ bardak yağsız süt
- 2 su bardağı yağsız kaşar peyniri-Rendelenmiş
- 4 su bardağı Tavuk, derisiz hafif et
- Pişmiş ve küp şeklinde
- ¼ çay kaşığı Kümes hayvanı baharatı

TALİMATLAR:
a) Fırını önceden 425'e ısıtın. Kabuğu hazırlamak için, 1 bardak pişirme karışımını ve suyu yumuşak hamur oluşana kadar birleştirin; kuvvetlice dövün. Unlu yüzeyde hamuru yavaşça top haline getirin. 5 kez yoğurun. Kabuk için talimatları buna göre izleyin. Doldurmayı hazırlamak için et suyunu bir tencerede ısıtın.

b) Patates, havuç, kereviz, soğan ve biber ekleyin. 15 dakika veya hepsi yumuşayana kadar pişirin. Unu sütle karıştırın. Et suyu karışımına karıştırın. Orta ateşte karıştırarak hafif koyulaşana kadar pişirin. Peyniri, tavuğu ve kümes hayvanı baharatını karıştırın. Peynir eriyene kadar ısıtın. 2 litrelik bir güveç kabına kaşıkla dökün. Kabuğu güveçteki dolgunun üzerine yerleştirin. Kenarları kapatın. Buhar için kabukta yarıklar yapın.

c) 40 dakika veya altın rengi kahverengi olana kadar pişirin.

90. Çiftlik evi domuz eti pastası

Yapım: 6 Porsiyon

İÇİNDEKİLER:

- 2 Soğan, büyük, doğranmış
- 2 Havuç, büyük, dilimlenmiş
- 1 Lahana başı, küçük, doğranmış
- 3 bardak domuz eti, pişmiş, doğranmış
- Tatmak için tuz
- 9 inçlik pasta için 1 Pasta
- ¼ su bardağı Tereyağı veya margarin
- 2 Patates, iri, doğranmış
- 1 kutu Tavuk suyu (14oz)
- 1 yemek kaşığı Angostura aromatik bitterleri
- Tatmak için beyaz biber
- 2 çay kaşığı kimyon tohumu

TALİMATLAR:

a) 1. Soğanları tereyağında altın rengi olana kadar soteleyin. 2. Havuç, patates, lahana, et suyu, domuz eti ve acıları ekleyin; Kapağını kapatıp lahana yumuşayana kadar yaklaşık 30 dakika pişirin.

b) 3. Tatlandırmak için tuz ve beyaz biber ekleyin. 4. Kimyon tohumlarını ekleyerek hamur işlerini hazırlayın. 5. Hamuru hafifçe unlanmış tahta üzerinde ⅛ inç kalınlığa kadar açın; altı adet 6 inçlik daireyi üstteki altı adet 5 inçlik pasta tepsisine kesin. 6. Dolguyu tart kalıplarına eşit olarak bölün; hamur işlerinin tavanın kenarlarından ½ inç sarkmasına izin verecek şekilde kabuklarla doldurun. 7. Her pastanın ortasına bir çarpı işareti kesin; Turtaların üst kısımlarını açmak için hamur noktalarını geri çekin.

c) Önceden ısıtılmış 400'F'de pişirin. fırında 30 ila 35 dakika veya kabuk kahverengi olana ve dolgu kabarcıklı hale gelene kadar.

91. Istakozlu turta

yapar: 6 porsiyon

İÇİNDEKİLER:
- 6 yemek kaşığı Tereyağı
- 1 su bardağı doğranmış soğan
- ½ bardak kıyılmış kereviz
- Tuz; tatmak
- Taze çekilmiş beyaz biber; tatmak
- 6 yemek kaşığı Un
- 3 su bardağı Deniz ürünleri veya tavuk suyu
- 1 bardak Süt
- 2 su bardağı doğranmış patates; beyazlatılmış
- 1 su bardağı doğranmış havuç; beyazlatılmış
- 1 su bardağı tatlı bezelye
- 1 su bardağı doğranmış pişmiş jambon
- 1 pound Istakoz eti; pişmiş, doğranmış
- ½ su bardağı Su -; (1 bardağa kadar)
- ½ Tarif Temel Tuzlu Pasta Kabuğu
- Tava büyüklüğünde açılır

TALİMATLAR:
a) Fırını 375 dereceye kadar önceden ısıtın. Dikdörtgen bir cam fırın kabını yağlayın. Büyük bir sote tavasında tereyağını eritin. Soğanları ve kerevizi ekleyip 2 dakika soteleyin.
b) Tuz ve karabiberle tatlandırın. Unu karıştırın ve sarı bir meyane için yaklaşık 3 ila 4 dakika pişirin.
c) Stokta karıştırın ve sıvıyı kaynatın. Kaynamaya başlayınca ateşi kısın ve 8 ila 10 dakika veya sos kalınlaşmaya başlayıncaya kadar pişirmeye devam edin. Sütü karıştırın ve 4 dakika pişirmeye devam edin.
ç) Tuz ve karabiberle tatlandırın. Isıdan çıkarın. Patatesleri, havuçları, bezelyeleri, jambonu ve ıstakozu karıştırın. Tuz ve karabiberle tatlandırın. Dolguyu iyice karıştırın. Eğer dolgu çok kalınsa, dolguyu inceltmek için biraz su ekleyin.

d) Doldurmayı hazırlanan tavaya dökün. Kabuğu dolgunun üzerine yerleştirin.
e) Üst üste gelen kabuğu dikkatlice tavaya sokun ve kalın bir kenar oluşturun. Tavanın kenarlarını kıvırın ve bir fırın tepsisine yerleştirin.
f) Keskin bir bıçak kullanarak kabuğun üst kısmına birkaç yarık açın. Çanağı fırına yerleştirin ve yaklaşık 25 ila 30 dakika veya kabuk altın kahverengi ve gevrek oluncaya kadar pişirin.
g) Fırından çıkarın ve servis yapmadan önce 5 dakika soğutun.

92. Biftek tenceresi pastası

Yapım: 4 Porsiyon

İÇİNDEKİLER:
- 1 su bardağı doğranmış soğan
- 2 yemek kaşığı Margarin
- 3 yemek kaşığı Çok amaçlı un
- 1½ su bardağı Et suyu
- ½ fincan A.1 Orijinal veya A.1 Bold & Baharatlı Biftek Sosu
- 3 su bardağı küp küp pişmiş biftek (yaklaşık
- 1 1/2 pound)
- 1 16 oz. pkg. dondurulmuş brokoli, karnabahar ve havuç karışımı
- 1 kabuklu pasta için hamur işi hazırlayın
- 1 Yumurta, dövülmüş

TALİMATLAR:
a) 2 litrelik tencerede orta-yüksek ateşte soğanı margarinle yumuşayana kadar pişirin.
b) Unu karıştırın; 1 dakika daha pişirin. Et suyu ve biftek sosunu ekleyin; Karışım koyulaşıp kaynamaya başlayana kadar pişirin ve karıştırın. Biftek ve sebzeleri karıştırın. Karışımı 8 inç kare cam pişirme kabına dökün.
c) Hamur kabuğunu açın ve tabağa sığacak şekilde kesin. Kabuğu tabağın kenarına kadar kapatın; yumurta sürün. Havalandırmak için kabuğun üstünü kesin.
ç) 400°F'de 25 dakika veya kabuk altın rengi kahverengi olana kadar pişirin.
d) Derhal servis yapın. İstediğiniz gibi süsleyin.

93. Asya usulü tavuklu börek

Yapım: 1 Porsiyon
İÇİNDEKİLER:
- 4 6 ons Kemiksiz ve Derisiz Tavuk göğsü
- ½ çay kaşığı siyah Çin sirkesi
- 1 baş brokoli
- ½ pound Su kestanesi
- 1 büyük Havuç
- 1 Sap kereviz
- 1 küçük Bokchoy
- 2 yemek kaşığı Zeytinyağı
- 2 yemek kaşığı Mısır Nişastası
- ½ çay kaşığı Çin 5 baharatı
- Tatmak için biber ve tuz
- 3 diş sarımsak, doğranmış
- 2 yemek kaşığı kıyılmış soğan
- 1 çay kaşığı kıyılmış zencefil
- 1 su bardağı tavuk suyu
- 8 yaprak yufka
- 2 yemek kaşığı Eritilmiş tereyağı
- 1 yemek kaşığı kıyılmış Çin frenk soğanı
- 4 adet büyük biberiye dalı

TALİMATLAR:

a) Tavuğu 2 inçlik şeritler halinde kesin. Tüm sebzeleri 2 inçlik şeritler halinde kesin ve beyazlatın. Yüksek ateşte büyük bir tavada tavuk şeritlerini sirkeyle soteleyin. Mısır nişastasını ekleyin. 5 baharat tozu, tuz ve karabiber ile tatlandırın. Sarımsak, soğan ve zencefil ekleyin. 5 ila 6 dakika karıştırarak kızartın. Tavuk suyunu ve sebzeleri ekleyin. 8 ila 10 dakika pişirin. Baharatı kontrol edin.

b) Sakin olmak. Dört adet ½ inçlik yufka hamurunu katlayın, aralarına tereyağı sürün ve dört inçlik bir tart kalıbına yerleştirin. Dört tava için işlemi tekrarlayın. Tavuklu karışımı her tavaya eşit şekilde paylaştırın. Frenk soğanı ekleyin. Köşeleri merkeze doğru katlayın. 400 derecelik fırında 12 dakika pişirin.

c) Hemen servis tabaklarına aktarın ve biberiye dallarıyla süsleyin.

Kıymalı Turtalar

94. Baileys kıymalı turtalar

Yapılır: 9-12 turta

İÇİNDEKİLER:
- 200 gr sade un, ayrıca toz almak için ekstra
- 100 gr tereyağı, soğutulmuş ve küp şeklinde kesilmiş
- 1 çay kaşığı pudra şekeri
- 1 orta boy serbest gezinen yumurta, hafifçe dövülmüş
- 1 yemek kaşığı Baileys Orijinal
- 250 gr kaliteli kıyma
- Fırçalamak için 2 yemek kaşığı süt

BAILEYS TEREYAĞI İÇİN
- 75 gr tereyağı, yumuşatılmış
- 75g pudra şekeri, ayrıca toz almak için ekstra
- 2 yemek kaşığı Baileys Orijinal

TALİMATLAR:
a) Unu geniş bir karıştırma kabına koyun ve soğutulmuş tereyağı küplerini ekleyin. Karışım ekmek kırıntısı görünümü alana kadar tereyağını parmak uçlarınızla unun içine sürün. Şekeri karıştırın, ardından yumurtayı ekleyin ve karışımı hızlı bir şekilde bir araya getirerek yumuşak bir hamur oluşturun. Kuru görünüyorsa bir miktar soğuk su ekleyin. Hamuru streç filme sarıp 30 dakika kadar dinlendirin..

b) Fırını 180°C fan/gaza ısıtın 6. Baileys'i kıymaya karıştırın ve bir kenara koyun.

c) Hafifçe unlanmış bir yüzeyde, hamuru açın ve kalıbınızın deliklerini hizalayacak kadar büyük 9-12 daire kesin. Küçük bir yedek hamur topu kullanarak bunları yavaşça deliklerin içine bastırın. Kalan hamurdan kapaklar için 9-12 adet daha küçük daire, yıldız veya şenlikli şekil kesin.

ç) Her bir pastanın içine yaklaşık bir yemek kaşığı kıyma koyun. Her kapağın alt kenarlarını biraz sütle fırçalayın ve kapakları turtaların üzerine yerleştirin. Yapıştırmak için hamur kenarlarını birbirine bastırın. Her turtanın üstünü biraz daha sütle fırçalayın, ardından küçük ve keskin bir bıçak kullanarak, kapalı kıymalı turtaların her birinin üst kısmındaki buharın çıkmasını sağlamak için bir X kesin.

d) Kıymalı börekleri fırında 15-20 dakika, altın rengini alana kadar pişirin. Tamamen soğuması için dikkatlice tel rafa çıkarmadan önce kalıpta 5 dakika soğumaya bırakın.

e) Baileys tereyağı için 75g tereyağını yumuşak ve pürüzsüz hale gelinceye kadar çırpın, pudra şekeri ve Baileys'i ekleyip tekrar çırpın. Kıymalı turtaların üzerine pudra şekeri serpin ve kremalı Baileys tereyağı ile servis yapın.

95. Elmalı kıymalı turta

1 porsiyon

İÇİNDEKİLER:
- 1 9 İnç Pasta Kabuğu, pişmemiş
- ¼ bardak Çok Amaçlı Un
- ⅓ bardak Şeker
- ⅛ çay kaşığı Tuz
- 1 yemek kaşığı Margarin Veya Tereyağı
- ¼ bardak Su
- 2 yemek kaşığı Kırmızı Tarçınlı Şeker
- 2 Kavanoz (9 Oz) Kıyma, Hazırlanmış
- 3 Elma, Tart

TALİMATLAR:
a) Pasta kabuğunu hazırlayın. Fırını 425 F'ye ısıtın. Hamur işi kaplı pasta tabağına 2 yemek kaşığı un serpin. Kalan un, şeker, tuz ve margarini ufalanana kadar karıştırın. Suyu ve tarçınlı şekerleri ısıtın, şekerler eriyene kadar karıştırın. Kıymayı hamurun üzerine yayın.

b) Elmaları soyun ve dörde bölün; Dış tarafı ½ inç kalınlığında takozlar halinde kesin. Kıymayı 2 daire şeklinde üst üste binen elma dilimleriyle kaplayın; şeker karışımı serpin. Üzerine tarçın şurubunu kaşıkla dökün, mümkün oldğunca fazla şeker karışımını nemlendirin.

c) Aşırı kızarmayı önlemek için kenarı 2 ila 3 inçlik alüminyum folyo şeridiyle örtün; Pişirmenin son 15 dakikasında folyoyu çıkarın. Kabuk altın kahverengi olana kadar pişirin, 40 ila 50 dakika.

96. Elmalı streusel kıymalı turta

Yapılır: 1 turta

İÇİNDEKİLER:
- 1 Pişmemiş hamur işi kabuğu; 9 inç
- 3 Elma; soyulmuş, ince dilimlenmiş
- ½ su bardağı Un; elenmemiş
- 3 yemek kaşığı Un; elenmemiş
- 2 yemek kaşığı Margarin; veya eritilmiş tereyağı
- 1 Kavanoz Yok Böyle Kıyma Kullanıma Hazır
- ¼ bardak Esmer şeker; sıkıca paketlenmiş
- 1 çay kaşığı Öğütülmüş tarçın
- ⅓ bardak Margarin; veya tereyağı, soğuk
- ¼ bardak Fındık; doğranmış

TALİMATLAR:
a) Büyük bir kapta elmaları 3 yemek kaşığı un ve eritilmiş margarinle karıştırın; hamur kabuğuna yerleştirin. Kıymayı üstüne koyun. Orta kapta kalan ½ su bardağı unu, şekeri ve tarçını birleştirin; soğuk margarini ufalanana kadar kesin. Fındık ekleyin; kıymanın üzerine serpin.

b) 425 fırının alt yarısında 10 dakika pişirin. Fırın sıcaklığını 375'e düşürün; 25 dakika daha uzun veya altın rengi olana kadar pişirin. Serin.

97. kızılcık kıymalı börek

yapar: 6 porsiyon

İÇİNDEKİLER:
- ⅔ bardak Şeker
- 2 yemek kaşığı Mısır Nişastası
- ⅔ bardak Su
- 1½ bardak Taze kızılcık, durulanmış
- 2 kabuklu pasta için 1 x Pasta
- 1 Kavanoz kullanıma hazır kıyma
- Her birinden 1 adet Yumurta sarısı 2 T. su ile karıştırılmış

TALİMATLAR:
a) Tencerede şekeri ve mısır nişastasını birleştirin, suyu ekleyin. Yüksek ateşte pişirin ve kaynayana kadar karıştırın. Kızılcıkları ekleyin, tekrar kaynatın. Isıyı azaltın, ara sıra karıştırarak 5 ila 10 dakika pişirin.
b) Kıymayı hamur işi kaplı 9 veya 10 inçlik pasta tabağına dönüştürün. Üstüne kızılcık ekleyin.
c) Havalandırılmış üst kabuğu, contayı ve olukla örtün. Yumurta karışımını kabuğun üzerine fırçalayın.
ç) Fırının alt yarısında 425 derecede 30 dakika veya altın rengi kahverengi olana kadar pişirin. Soğutun. Egg Nog ile süsleyin.
d) Yarım litre çırpılmış kremayı ekleyin.

98. Limonlu kıymalı börek

Yapım: 1 Porsiyon

İÇİNDEKİLER:
- 1 bardak Pillsbury'nin En İyi Çok Amaçlı Unu, elenmiş
- ½ çay kaşığı Tuz
- ⅓ fincan Kısaltma
- 3 yemek kaşığı Soğuk su
- 9 ons Pkg kuru kıyma; parçalara ayrılmış
- 2 yemek kaşığı Şeker
- 1 bardak Su
- 2 yemek kaşığı Funsten Ceviz; doğranmış
- 2 yemek kaşığı Tereyağı
- ⅔ bardak Şeker
- 2 yemek kaşığı Un
- 2 Yumurta sarısı
- 1 yemek kaşığı rendelenmiş limon kabuğu
- 2 yemek kaşığı Limon suyu
- ¾ bardak Süt
- 2 Yumurta beyazı

TALİMATLAR:
a) Pillsbury'nin En İyi Çok Amaçlı Ununu ve tuzunu karıştırma kabına eleyin.
b) Parçacıklar küçük bezelye büyüklüğüne gelinceye kadar kısaltın. Çatalla hafifçe karıştırarak karışımın üzerine 3 ila 4 yemek kaşığı soğuk su serpin.
c) Hamur bir arada tutulabilecek kadar nemli oluncaya kadar topakları bir kenara iterek en kuru parçacıklara su ekleyin. Top haline getirin.
ç) ½ inç kalınlığa kadar düzleştirin; Pürüzsüz kenarlar. Unlu yüzeyde ters çevrilmiş 9 inçlik pasta kalıbından 1½ inç daha büyük bir daireye doğru yuvarlayın. Piepan'a gevşek bir şekilde yerleştirin.
d) Ayakta duran bir kenar oluşturmak için kenarı katlayın; flüt. Pişirmeyin. Kıymalı Doldurma: Kuru kıyma (istenirse kuru kıyma

karışımı yerine 2 su bardağı hazırlanmış kıyma da kullanılabilir), şeker ve suyu küçük bir tencerede birleştirin.

e) Kaynatın; 1 dakika kaynatın. Serin. 2 yemek kaşığı kıyılmış cevizi karıştırın. Hamur işi kaplı tavaya çevirin. Kıymanın üzerine harcı dökün.

f) Orta sıcaklıktaki fırında (350 derece) 45 ila 50 dakika pişirin. Serin. Limon Topping: Tereyağı, şeker ve unu birleştirin; iyice karıştırın.

g) Yumurta sarısını ekleyip karıştırın. Rendelenmiş limon kabuğunu, limon suyunu ve ¾ bardak sütü ekleyip karıştırın. Yumurta aklarını yumuşak zirveler oluşuncaya kadar çırpın; yavaşça karışıma katlayın.

99. Meyve bahçesi kıymalı börek

Yapım: 8 Porsiyon

İÇİNDEKİLER:

1 9 inç Pasta Kabuğu; pişmemiş
2 su bardağı Orta Boy Elma; soyulmuş ve ince doğranmış
1 su bardağı Hazırlanmış Kıyma
¾ bardak Açık Krema
¾ bardak Esmer Şeker; paketlenmiş
¼ yemek kaşığı Tuz
½ su bardağı kıyılmış fındık

TALİMATLAR:
a) Büyük karıştırma kabında elmaları, kıymayı, kremayı, esmer şekeri ve tuzu birleştirin. İyice karıştırın.
b) Pişmemiş bir pasta kabuğuna dökün; fındık serpin.
c) Kabuk altın kahverengi olana kadar 375°'de 40 ila 50 dakika pişirin.

100. Ekşi kremalı kıymalı börek

Yapım: 10 Porsiyon

İÇİNDEKİLER:
- 1 9 inçlik pasta kabuğu; pişmemiş
- 1 paket (9 oz) yoğunlaştırılmış kıyma; Ufalanmış
- 1 su bardağı elma suyu veya su
- 1 orta boy elma; özlü, soyulmuş, doğranmış
- 1 yemek kaşığı Un
- 2 su bardağı Ekşi krema
- 2 yumurta
- 2 yemek kaşığı Şeker
- 1 çay kaşığı Vanilya
- 3 yemek kaşığı Fındık; doğranmış

TALİMATLAR:
a) Fırını 425°'ye önceden ısıtın. Küçük tencerede kıyma ve elma suyunu birleştirin.
b) Kaynatın; 1 dakika hızla kaynatın. Orta kapta, kaplamak için unu elmalarla karıştırın; kıymayı karıştırın. Pasta kabuğuna dökün. 15 dakika pişirin.
c) Bu arada küçük karıştırıcı kabında ekşi krema, yumurta, şeker ve vanilyayı birleştirin; pürüzsüz olana kadar çırpın. Kıymalı karışımın üzerine eşit şekilde dökün. Fındık serpin. Fırına dönün; Ayarlanana kadar 8 ila 10 dakika daha pişirin. Serin.
ç) İyice soğutun. İstediğiniz gibi süsleyin. Artıkları soğutun.

ÇÖZÜM

Pasta her zaman iyi bir fikirdir, özellikle de tatillerde! Şükran günü menüleri ve Noel tatlıları her zaman balkabağı ve kızılcık-portakal gibi mevsimlik turtalarla doludur. Ancak pastaya layık başka durumlar da var. Limonlu turta ve çilekli turtanın sıcak havalarda muhteşem tatlılar oluşturduğu bir yaz yemeği gibi. Üstelik ev yapımı pasta yapmak için bir nedene ihtiyacınız yok. Dondurucuya bir turta kabuğu yapıştırın ve canınız çektiğinde bu turta tariflerinden herhangi birini yapabilirsiniz! Mesela pazar akşam yemeğiniz için çikolatalı pasta yapmak isteyebilirsiniz. Veya yemeğiniz için cevizli turta çubuklarını çırpın.

www.ingramcontent.com/pod-product-compliance
Lightning Source LLC
Chambersburg PA
CBHW071313110526
44591CB00010B/875